DOCE
PASOS
y
DOCE
TRADICIONES

ALCOHOLICS ANONYMOUS® WORLD SERVICES, INC.
BOX 459, GRAND CENTRAL STATION
NEW YORK, NY 10163

DOCE PASOS
Y
DOCE TRADICIONES

Esta literatura está aprobada por la
Conferencia de Servicios Generales de A.A.

Dirección postal:
Box 459, Grand Central Station
New York, NY 10163

www.aa.org

ISBN 978-0-916856-42-7

Contenido

LOS DOCE PASOS

"Admitimos que éramos impotentes ante el alcohol, que nuestras vidas se habían vuelto ingobernables".
¿A quién le gusta admitir la derrota total? Admitir la impotencia es el primer paso hacia la liberación. La relación entre la humildad y la sobriedad. Obsesión mental más alergia física. ¿Por qué tiene que tocar fondo todo miembro de A.A.?

"Llegamos a creer que un Poder superior a nosotros mismos podría devolvernos el sano juicio".
¿En qué podemos creer? A.A. no exige ninguna creencia; los Doce Pasos no son sino sugerencias. La importancia de una mente abierta. Diversos caminos hacia la fe. A.A. como sustituto de un Poder Superior. El dilema de la persona desilusionada. Los obstáculos de la indiferencia y el prejuicio. La fe perdida se vuelve a encontrar en A.A. Los problemas de la intelectualidad y la autosuficiencia. Los pensamientos positivos y negativos. El fariseísmo. La rebeldía es una característica sobresaliente de los alcohólicos. El Segundo Paso es el punto de partida hacia la cordura. Relación apropiada con Dios.

"Decidimos poner nuestras voluntades y nuestras vidas al cuidado de Dios, <u>como nosotros lo concebimos</u>".
Dar el Tercer Paso es como abrir una puerta cerrada. ¿Cómo vamos a dejar entrar a Dios en nuestras vidas? La clave está en la buena voluntad. La dependencia como medio para lograr la independencia. Los peligros de la autosuficiencia. La entrega de nuestra voluntad a un Poder

Superior. El abuso de la fuerza de voluntad. Un asiduo esfuerzo personal es necesario para adaptarse a la voluntad de Dios.

Cuarto Paso

"Sin temor hicimos un minucioso inventario moral de nosotros mismos".

Cómo pueden los instintos excederse de sus funciones normales. El Cuarto Paso constituye un esfuerzo para descubrir nuestras debilidades. El problema básico de los instintos desbocados. Un inventario moral mal enfocado puede producir un sentimiento de culpabilidad, de grandiosidad o llevarnos a echar la culpa a otros. Deben anotarse tanto los puntos fuertes como los débiles. La autojustificación es peligrosa. Estar dispuesto a hacer un inventario nos trae claridad y nueva confianza. El Cuarto Paso es el comienzo de una costumbre para toda la vida. Los síntomas comunes de la inseguridad emocional son: inquietud, ira, lástima de sí mismo y depresión. Al hacer el inventario analizamos nuestras relaciones. La importancia de la minuciosidad.

Quinto Paso

"Admitimos ante Dios, ante nosotros mismos, y ante otro ser humano, la naturaleza exacta de nuestros defectos".

Los Doce Pasos desinflan el ego. El Quinto Paso es difícil pero necesario para la sobriedad y la tranquilidad de espíritu. La confesión es una disciplina antigua. De no admitir sus defectos sin miedo, pocos podrían mantenerse sobrios. ¿Qué recibimos del Quinto Paso? El comienzo de un auténtico parentesco con el prójimo y con Dios. Librarse del aislamiento, recibir y conceder el perdón; adquirir la humildad; conseguir una visión más sincera y realista de nosotros mismos. La necesidad de la absoluta sinceridad. El peligro de justificarse las faltas. Cómo escoger la persona en quien confiar. Los resultados son la tranquilidad y la sensación de la presencia de Dios. La unión con Dios y con el hombre nos prepara para los Pasos siguientes.

Sexto Paso

"Estuvimos enteramente dispuestos a dejar que Dios nos liberase de todos estos defectos de carácter".

El Sexto Paso es necesario para el desarrollo espiritual. El comienzo de una tarea para toda la vida. Reconocer la diferencia entre esforzarse por lograr un objetivo—y la perfección. Por qué tenemos que seguir esforzándonos. "Estar dispuesto" es de vital importancia. La necesidad de ponerse en acción. La demora es peligrosa. La rebeldía puede ser mortal. El punto en el cual abandonamos nuestros objetivos limitados y nos encomendamos a la voluntad para con nosotros.

do nos unimos a A.A. No se puede comprar la tranquilidad espiritual a expensas de los demás. Necesidad de ser discretos. Estar dispuestos a aceptar las consecuencias de nuestro pasado y asumir la responsabilidad por el bienestar de los demás constituye el espíritu del Noveno Paso.

no se puede poner precio. ¿Qué es un despertar espiritual? Se nos concede un don que nos produce un nuevo estado de conciencia y una nueva forma de ser. La disposición para recibir este don radica en la práctica de los Doce Pasos. Una magnífica realidad. Las satisfacciones de ayudar a otros alcohólicos. Los diversos tipos del trabajo de Paso Doce. Los problemas que presenta el trabajo de Paso Doce. Consideraciones sobre practicar estos principios en todos nuestros asuntos. La monotonía, el dolor y la calamidad pueden convertirse en bienes útiles por medio de la práctica de los Pasos. Dificultades que pueden surgir. "Paso doble". Practicar todos los Doce Pasos en vez de sólo dos y la demostración de la fe. El desarrollo espiritual es la solución a nuestros problemas. Anteponer el desarrollo espiritual a todo lo demás. Dominación y dependencia excesiva. Llevar nuestras vidas en un plan de dar-y-tomar. La dependencia de Dios es necesaria para la recuperación de los alcohólicos. "Practicar estos principios en todos nuestros asuntos". Las relaciones domésticas. Cambiar el punto de vista sobre cuestiones materiales. Y también las ideas referentes a la importancia personal. Los instintos vuelven a cobrar su verdadero propósito. La comprensión es la clave de las actitudes correctas, las acciones correctas son la clave del buen vivir.

LAS DOCE TRADICIONES

"Nuestro bienestar común debe tener la preferencia; la recuperación personal depende de la unidad de A.A."
Sin unidad, A.A. muere. Libertad personal y, no obstante, gran unidad. La clave de la paradoja: la vida de cada miembro de A.A. depende de su obediencia a principios espirituales. El grupo ha de sobrevivir o el individuo perecerá. El bienestar común tiene la preferencia. La mejor manera de vivir y trabajar juntos en grupos.

"Para el propósito de nuestro grupo sólo existe una autoridad fundamental: un Dios amoroso tal como se exprese en la conciencia de nuestro grupo. Nuestros líderes no son más que servidores de confianza. No gobiernan".
¿Dónde obtiene A.A. su orientación? La única autoridad en A.A. es un Dios amoroso tal como se exprese en la

La experiencia nos demostró que no podíamos respaldar a ninguna empresa allegada, por buena que ésta fuera. No podíamos serlo todo para todos. Nos dimos cuenta de que no podíamos prestar el nombre de A.A. a ninguna actividad ajena.

de muerte. Esta misma condición se aplica al grupo. El sufrimiento y el amor disciplinan a los A.A. Diferencia entre el espíritu de autoridad y el espíritu de servicio. El objetivo de nuestro servicio es poner la sobriedad al alcance de todos los que la deseen.

Introducción

ALCOHÓLICOS ANÓNIMOS publicó este libro, *Doce Pasos y Doce Tradiciones*, en 1953. Bill W., que, junto con el Dr. Bob S., fundó Alcohólicos Anónimos en 1935, escribió el libro para compartir 18 años de experiencia colectiva dentro de la Comunidad referente a cómo se recuperan los miembros de A.A. y cómo funciona nuestra sociedad.

En años recientes, algunos miembros y amigos de A.A. han preguntado si sería sensato actualizar el lenguaje, las locuciones y las referencias históricas para presentar así una imagen más contemporánea a la Comunidad. Pero ya que el libro ha ayudado a muchísimos alcohólicos a recuperarse, hay un fuerte sentimiento dentro de la Comunidad en contra de hacer cualquier cambio. De hecho, la Conferencia de Servicios Generales de 2002 consideró este asunto y "se recomendó por unanimidad que el texto del libro *Doce Pasos y Doce Tradiciones* escrito por Bill Wilson se quede tal como está, para así respetar el sentimiento de la Comunidad de que los escritos de Bill se mantengan como fueron publicados originalmente".

Esperamos que la experiencia espiritual colectiva de los pioneros de A.A. captada en estas páginas siga ayudando a los alcohólicos y a los amigos de A.A. a entender los principios de nuestro programa.

Prólogo

ALCOHÓLICOS ANÓNIMOS es una comunidad mundial de más de cien mil* hombres y mujeres alcohólicos que se han agrupado para resolver sus problemas comunes y ayudar a sus compañeros que sufren a recuperarse de esa antigua y desconcertante enfermedad, el alcoholismo.

---

*En 2019, se calcula que más de dos millones se han recuperado por medio de A.A.

Este libro trata de los "Doce Pasos" y las "Doce Tradiciones" de Alcohólicos Anónimos. Ofrece una clara exposición de los principios por los cuales se recuperan los miembros de A.A. y por los que funciona su Sociedad.

Los Doce Pasos de A.A. son un conjunto de principios de naturaleza espiritual que, si se adoptan como una forma de vida, puede liberar al enfermo de la obsesión por beber y transformarle en un ser íntegro, útil y feliz.

Las Doce Tradiciones de A.A. se aplican a la vida de la Comunidad en sí misma. Resumen los medios por los que A.A. mantiene su unidad y se relaciona con el mundo a su alrededor, la forma en que vive y se desarrolla.

Aunque los siguientes ensayos estaban dirigidos principalmente a los miembros, muchos amigos de A.A. creen que pueden suscitar interés y tener aplicación fuera de la Comunidad.

Muchas personas, no alcohólicas, dicen que, como consecuencia de practicar los Doce Pasos de A.A. han podido enfrentarse a otras dificultades de la vida. Opinan que los Doce Pasos pueden significar más que la sobriedad para los bebedores problema. Los consideran como un camino hacia una vida feliz y útil para muchas personas, sean o no sean alcohólicas.

También hay un creciente interés en las Doce Tradiciones de Alcohólicos Anónimos. Los que se dedican a estudiar las relaciones humanas empiezan a preguntarse cómo y por qué funciona A.A. como sociedad. ¿Cómo es posible, se preguntan, que en A.A. ningún miembro puede imponer su autoridad personal a otro, y que no existe nada que se parezca a un gobierno central? ¿Cómo es posible que un conjunto de principios tradicionales, que no tienen ninguna fuerza legal, puede mantener la unidad y la eficacia de la Comunidad de Alcohólicos Anónimos? La segunda parte de este libro, aunque destinada a los miembros de A.A., ofrece por primera vez a los interesados una perspectiva íntima y detallada de la Comunidad.

Alcohólicos Anónimos empezó en 1935 en Akron, Ohio,

como resultado de un encuentro entre un bien conocido cirujano de esta ciudad y un agente de bolsa de Nueva York. Los dos eran graves casos de alcoholismo e iban a convertirse en los cofundadores de la Comunidad de A.A.

Los principios básicos de A.A., tal como quedan hoy, fueron tomados en su mayor parte de los campos de la medicina y la religión, aunque algunas de las ideas que tuvieron una importancia decisiva para nuestro éxito se adoptaron como resultado de observar el comportamiento de la Comunidad y darnos cuenta de sus necesidades.

Después de tres años de pruebas y tanteos en busca de los principios más realizables que pudieran servir de base para la Sociedad, y tras muchos fracasos en nuestros intentos de conseguir que los alcohólicos se recuperasen, tres grupos lograron tener éxito—el primero en Akron, el segundo en Nueva York, y el tercero en Cleveland. Incluso entonces era difícil encontrar cuarenta personas con una recuperación segura en los tres grupos.

No obstante, la Sociedad incipiente se resolvió a poner por escrito su experiencia en un libro que por fin se publicó en 1939. En ese momento, contábamos con unos cien miembros recuperados. El libro se tituló "Alcohólicos Anónimos", y de él tomó su nombre la Comunidad. En sus páginas se describía el alcoholismo desde el punto de vista del alcohólico, se estructuraron por primera vez las ideas espirituales de la Sociedad en los Doce Pasos, y se clarificaba la aplicación de estos Pasos al dilema del alcohólico. El resto del libro estaba dedicado a treinta historias o historiales en los cuales los alcohólicos hablaban de sus experiencias personales con la bebida y de su recuperación. Esto establecía una identificación con los lectores alcohólicos y les demostraba que lo que les había parecido casi imposible ahora iba a ser posible. El libro "Alcohólicos Anónimos" se convirtió en el texto básico de la Comunidad y todavía lo es. Este libro se propone ampliar y profundizar la comprensión de los Doce Pasos que aparecieron en la obra anterior.

Con la publicación en 1939 del libro "Alcohólicos Anónimos", se puso fin a la época pionera y se inició una prodigiosa reacción en cadena según los alcohólicos recuperados llevaban el mensaje a otros más. Durante los años siguientes, decenas de miles de alcohólicos acudieron a A.A., principalmente como resultado de una constante y excelente publicidad que gratuitamente divulgaron las revistas y periódicos de todo el mundo. Tanto el clero como la medicina favorecieron el nuevo movimiento, dándole su aprobación pública y su apoyo decidido.

Esta asombrosa expansión trajo consigo graves dolores de crecimiento. Se había demostrado que los alcohólicos se podían recuperar. Pero no era nada seguro que tal multitud de personas todavía tan poco equilibradas pudieran vivir y trabajar juntos con armonía y eficacia.

En todas partes surgían amenazadores interrogantes en cuanto a los requisitos para ser miembro, el dinero, las relaciones personales, las relaciones públicas, la dirección de los grupos y los clubs y numerosas incertidumbres más. De esta vasta confusión de experiencias explosivas, tomaron forma las Doce Tradiciones de A.A. que se publicaron por primera vez en 1946 y fueron ratificadas posteriormente en la Primera Convención Internacional de A.A. celebrada en Cleveland en 1950. La sección de este libro que trata de las Tradiciones describe con bastante detalle las experiencias que contribuyeron a la concepción de las Tradiciones, y dieron así a A.A. su forma, su sustancia y su unidad actuales.

Al llegar ahora a su madurez, A.A. ha llegado a cuarenta países extranjeros.* Al parecer de sus amigos, este no es sino el comienzo de su valioso servicio, único en su especie.

Se espera que este libro depare a todo aquel que lo lea una perspectiva íntima de los principios y fuerzas que han hecho de Alcohólicos Anónimos lo que es hoy día.

---

* En 2019 A.A. está establecida en aproximadamente 180 países.

LOS DOCE PASOS

Primer Paso

"Admitimos que éramos impotentes ante el alcohol, que nuestras vidas se habían vuelto ingobernables".

¿A quién le gusta admitir la derrota total? A casi nadie, por supuesto. Todos los instintos naturales se rebelan contra la idea de la impotencia personal. Es verdaderamente horrible admitir que, con una copa en la mano, hemos deformado nuestra mente hasta tener una obsesión por beber tan destructiva que sólo un acto de la Providencia puede librarnos de ella.

No hay otro tipo de bancarrota como ésta. El alcohol, ahora convertido en nuestro acreedor más despiadado, nos despoja de toda confianza en nosotros mismos y toda voluntad para resistirnos a sus exigencias. Una vez que se acepta esta dura realidad, nuestra bancarrota como seres humanos es total.

Pero al ingresar en A.A. pronto adoptamos otra perspectiva sobre esta humillación absoluta. Nos damos cuenta de que sólo por medio de la derrota total podemos dar nuestros primeros pasos hacia la liberación y la fortaleza. La admisión de nuestra impotencia personal resulta ser a fin de cuentas la base segura sobre la que se puede construir una vida feliz y útil.

Sabemos que son pocos los beneficios que un alcohólico que ingrese en A.A. puede esperar, si no ha aceptado, desde el principio, su debilidad devastadora y todas sus consecuencias. Mientras no se humille así, su sobriedad—si es que la logra—será precaria. No encontrará la verdadera felicidad. Esta es una de las realidades de la vida de A.A., comprobada más allá de toda duda por una vasta experiencia. El principio de que no encontraremos una fortaleza duradera hasta que no hayamos admitido la derrota total es la raíz principal de la que ha brotado y florecido nuestra Sociedad.

Al vernos obligados a admitir la derrota, la mayoría de nosotros nos rebelamos. Habíamos acudido a A.A. con la esperanza de que se nos enseñara a tener confianza en nosotros mismos. Entonces, se nos dijo que, en lo concerniente al alcohol, la confianza en nosotros mismos no valía para nada; que de hecho era una gran desventaja. Nuestros padrinos nos dijeron que éramos víctimas de una obsesión mental tan sutilmente poderosa que ningún grado de voluntad humana podría vencerla. Se nos dijo que sin ayuda ajena no podía existir tal cosa como la victoria personal sobre esta obsesión. Complicando implacablemente nuestro dilema, nuestros padrinos señalaron nuestra creciente sensibilidad al alcohol—una alergia, la llamaban. El tirano alcohol blandía sobre nosotros una espada de doble filo: primero, nos veíamos afligidos por un loco deseo que nos condenaba a seguir bebiendo y luego por una alergia corporal que aseguraba que acabaríamos destruyéndonos a nosotros mismos. Eran muy contados los que, acosados de esta manera, habían logrado ganar este combate mano a mano. Las estadísticas demostraban que los alcohólicos casi nunca se recuperaban por sus propios medios. Y esto aparentemente había sido verdad desde que el hombre pisó las uvas por primera vez.

Durante los años pioneros de A.A., únicamente los casos más desesperados podían tragar y digerir esta dura verdad. E incluso estos "moribundos" tardaban mucho en darse cuenta de lo grave de su condición. Pero unos cuantos sí se dieron cuenta y cuando se aferraban a los principios de A.A. con todo el fervor con que un náufrago se agarra al salvavidas, casi sin excepción empezaban a mejorarse. Por eso, la primera edición del libro "Alcohólicos Anónimos", publicado cuando teníamos muy pocos miembros, trataba exclusivamente de casos de bajo fondo. Muchos alcohólicos menos desesperados probaron A.A., pero no les dio resultado porque no podían admitir su impotencia.

Es una tremenda satisfacción hacer constar que esta situación cambió en los años siguientes. Los alcohólicos que todavía conservaban su salud, sus familias, sus trabajos e incluso tenían dos coches en su garaje, empezaron a reconocer su alcoholismo. Según aumentaba esta tendencia, se unieron a ellos jóvenes que apenas se podían considerar alcohólicos en potencia. Todos ellos se libraron de esos diez o quince años de auténtico infierno por los que el resto de nosotros habíamos tenido que pasar. Ya que el Primer Paso requiere que admitamos que nuestras vidas se habían vuelto ingobernables, ¿cómo iban a dar este Paso personas como ésas?

Era claramente necesario levantar el fondo que el resto de nosotros habíamos tocado hasta el punto que les llegara a tocar a ellos. Al repasar nuestros historiales de bebedores, podíamos demostrar que, años antes de darnos cuenta, ya estábamos fuera de control, que incluso entonces nuestra forma de beber no era un simple hábito, sino que en verdad era el comienzo de una progresión fatal. A los que todavía lo dudaban, les podíamos decir, "Tal vez no seas alcohólico. ¿Por qué no tratas de seguir bebiendo de manera controlada, teniendo en cuenta, mientras tanto, lo que te hemos dicho acerca del alcoholismo?" Esta actitud produjo resultados inmediatos y prácticos. Entonces se descubrió que cuando un alcohólico había sembrado en la mente de otro la idea de la verdadera naturaleza de su enfermedad, esta persona nunca podría volver a ser la misma. Después de cada borrachera, se diría a sí mismo, "Tal vez esos A.A. tenían razón…" Tras unas cuantas experiencias parecidas, a menudo años antes del comienzo de graves dificultades, volvería a nosotros convencido. Había tocado su fondo con la misma contundencia que cualquiera de nosotros. La bebida se había convertido en nuestro mejor abogado.

¿Por qué tanta insistencia en que todo A.A. toque fondo primero? La respuesta es que muy poca gente tratará de practicar sinceramente el programa de A.A. a menos que haya tocado fondo. Porque la práctica de los restantes once Pasos de A.A. supone actitudes y acciones que casi ningún alcohólico que todavía bebe podría siquiera soñar en adoptar. ¿Quién quiere ser rigurosamente honrado y tolerante? ¿Quién quiere confesar sus faltas a otra persona y reparar los daños causados? ¿A quién le interesa saber de un Poder Superior, y aun menos pensar en la meditación y la oración? ¿Quién quiere sacrificar tiempo y energía intentando llevar el mensaje de A.A. al que todavía sufre? No, al alcohólico típico, extremadamente egocéntrico, no le interesa esta perspectiva—a menos que tenga que hacer estas cosas para conservar su propia vida.

Bajo el látigo del alcoholismo, nos vemos forzados a acudir a A.A. y allí descubrimos la naturaleza fatal de nuestra situación. Entonces, y sólo entonces, llegamos a tener la amplitud de mente y la buena disposición para escuchar y creer que tienen los moribundos. Estamos listos y dispuestos a hacer lo que haga falta para librarnos de esta despiadada obsesión.

Segundo Paso

"Llegamos a creer que un Poder superior a nosotros mismos podría devolvernos el sano juicio".

AL leer el Segundo Paso, la mayoría de los recién llegados a A.A. se ven enfrentados a un dilema, a veces un grave dilema. Cuántas veces les hemos oído gritar: "Miren lo que nos han hecho. Nos han convencido de que somos alcohólicos y que nuestras vidas son ingobernables. Después de habernos reducido a un estado de impotencia total, ahora nos dicen que sólo un Poder Superior puede librarnos de nuestra obsesión. Algunos de nosotros no queremos creer en Dios, otros no podemos creer, y hay otros que, aunque creen en Dios, no confían en que El haga este milagro. Bien, ya nos tienen con el agua al cuello—pero, ¿cómo vamos a salir del apuro?"

Consideremos primero el caso de aquel que dice que no quiere creer—el caso del rebelde. Su estado de ánimo sólo puede describirse como salvaje. Toda su filosofía de la vida, de la que tanto se vanagloriaba, se ve amenazada. Cree que ya hace bastante al admitir que el alcohol le ha vencido para siempre. Pero ahora, todavía dolido por esa admisión, se le plantea algo realmente imposible. ¡Cuánto le encanta la idea de que el hombre, que surgió tan majestuosamente de una sola partícula del barro primitivo, sea la vanguardia de la evolución, y por consiguiente el único dios que existe en su universo! ¿Ha de renunciar a todo eso para salvarse?

Al llegar a este punto, su padrino se suele reír. Para el recién llegado, esto es el colmo. Es el principio del fin. Y es cierto: es el principio del fin de su antigua forma de vivir y el comienzo de una nueva vida. Su padrino probablemente le dice: "Tómatelo con calma. El traje que te tienes que poner no te va a quedar tan estrecho como tú te crees. Vamos, yo no lo he encontrado tan estrecho, ni tampoco un amigo mío que había sido vicepresidente de la Sociedad Americana de Ateísmo. El se lo puso y dice que no le aprieta en absoluto".

"De acuerdo", dice el recién llegado, "sé que lo que me dices es la verdad. Todos sabemos que A.A. está lleno de personas que antes pensaban como yo. Pero, en estas circunstancias, ¿cómo quieres que me lo 'tome con calma'? Eso es lo que yo quisiera saber".

"Muy buena pregunta", le responde el padrino. "Creo que puedo decirte exactamente cómo tranquilizarte. Y no vas a tener que esforzarte mucho. Escucha, si tuvieras la bondad, las tres siguientes afirmaciones. Primero, Alcohólicos Anónimos no te exige que creas en nada. Todos sus Doce Pasos no son sino sugerencias. Segundo, para lograr y mantener la sobriedad, no te tienes que tragar todo lo del Segundo Paso en este preciso momento. Al recordar mi propia experiencia, veo que me lo fui tomando en pequeñas dosis. Tercero, lo único que necesitas es una mente verdaderamente abierta. Deja de meterte en debates y de preocuparte por cuestiones tan profundas como el tratar de averiguar si fue primero el huevo o la gallina. Te repito una vez más, lo único que necesitas es una mente abierta".

El padrino continúa: "Fíjate, por ejemplo, en mi propio caso. Estudié una carrera científica. Naturalmente respetaba, veneraba e incluso adoraba la ciencia. A decir verdad, todavía lo hago—excepto lo de adorarla. Repetidas veces mis maestros me expusieron el principio básico de todo progreso científico: investigar y volver a investigar, una y otra vez, y siempre con una mente abierta. La primera vez que eché una mirada al programa de A.A., mi reacción fue exactamente como la tuya. Este asunto de A.A., me dije, no es nada científico. No puedo tragarlo. No me voy a parar a considerar tales tonterías.

"Luego me desperté. Tuve que admitir que A.A. producía resultados, prodigiosos resultados. Me di cuenta de que mi actitud ante éstos había sido muy poco científica. No era A.A. quien tenía la mente cerrada, sino yo. En el instante en que dejé de debatir, pude empezar a ver y sentir. En ese momento, el Segundo Paso, sutil y gradualmente, empezó a infiltrarse en mi vida. No puedo fijar ni la ocasión ni el día preciso en que llegué a creer en un Poder superior a mí mismo, pero sin duda ahora tengo esa creencia. Para llegar a tenerla, sólo tenía que dejar de luchar y ponerme a practicar el resto del programa de A.A. con el mayor entusiasmo posible.

"Claro está que ésta es la opinión de un solo hombre basada en su propia experiencia. Me apresuro a asegurarte que en su búsqueda de la fe, los A.A. andan por innumerables caminos. Si no te gusta el que te he sugerido, seguro que descubrirás uno que te convenga si mantienes abiertos los ojos y los oídos. Muchos hombres como tú han empezado a solucionar el problema por el método de la substitución. Si quieres, puedes hacer de A.A. tu "poder superior". Aquí tienes un grupo grande de gente que ha resuelto su problema con el alcohol. En este sentido, constituye sin duda un poder superior a ti, ya que tú ni siquiera te has aproximado a encontrar una solución. Seguro que puedes tener fe en ellos. Incluso este mínimo de fe será suficiente. Vas a encontrar a muchos miembros que han cruzado el umbral exactamente así. Todos te dirán que, una vez que lo cruzaron, su fe se amplió y se profundizó. Liberados de la obsesión del alcohol, con sus vidas inexplicablemente transformadas, llegaron a creer en un Poder Superior, y la mayoría de ellos empezaron a hablar de Dios".

Consideremos ahora la situación de aquellos que antes tenían fe, pero la han perdido. Entre ellos, se encuentran los que han caído en la indiferencia; otros que, llenos de autosuficiencia, se han apartado; otros que han llegado a tener prejuicios en contra de la religión; y otros más que han adoptado una actitud desafiante, porque Dios no les ha complacido en sus exigencias. ¿Puede la experiencia de A.A. decirles a todos ellos que todavía les es posible encontrar una fe que obra?

A veces el programa de A.A. les resulta más difícil a aquellos que han perdido o han rechazado la fe que a aquellos que nunca la han tenido, porque creen que ya han probado la fe y no les ha servido de nada. Han probado el camino de la fe y el camino de la incredulidad. Ya que ambos caminos les han dejado amargamente decepcionados, han decidido que no tienen a dónde ir. Los obstáculos de la indiferencia, de la imaginada autosuficiencia, de los prejuicios y de la rebeldía les resultan más resistentes y formidables que cualquiera que haya podido erigir un agnóstico o incluso un ateo militante. La religión dice que se puede demostrar la existencia de Dios; el agnóstico dice que no se puede demostrar; y el ateo mantiene que se puede demostrar que Dios no existe. Huelga decir que el dilema del que se desvía de la fe es el de una profunda confusión. Cree que ha perdido la posibilidad de tener el consuelo que ofrece cualquier convicción. No puede alcanzar ni el más mínimo grado de esa seguridad que tiene el creyente, el agnóstico o el ateo. Es el vivo retrato de la confusión.

Muchos A.A. pueden decirle a esta persona indecisa, "Sí, nosotros también nos vimos desviados de la fe de nuestra infancia. Nos vimos abrumados por un exceso de confianza juvenil. Por supuesto, estábamos contentos de haber tenido un buen hogar y una formación religiosa que nos infundió ciertos valores. Todavía estábamos convencidos de que debíamos ser bastante honrados, tolerantes y justos; que debíamos tener aspiraciones y trabajar con diligencia. Llegamos a la convicción de que estas simples normas de honradez y decoro nos bastarían.

"Conforme el éxito material, basado únicamente en estos

atributos comunes y corrientes, empezó a llegarnos, nos parecía que estábamos ganando el juego de la vida. Esto nos produjo un gran regocijo y nos hizo sentirnos felices. ¿Por qué molestarnos con abstracciones teológicas y obligaciones religiosas o con el estado de nuestra alma, tanto aquí como en el más allá? La vida real y actual nos ofrecía suficientes satisfacciones. La voluntad de triunfar nos salvaría. Pero entonces el alcohol empezó a apoderarse de nosotros. Finalmente, al mirar al marcador y no ver ningún tanto a nuestro favor y darnos cuenta de que con un fallo más nos quedaríamos para siempre fuera de juego, tuvimos que buscar nuestra fe perdida. La volvimos a encontrar en A.A. Y tú también puedes hacer lo mismo".

Ahora nos enfrentamos con otro tipo de problema: el hombre o la mujer intelectualmente autosuficiente. A estas personas, muchos A.A. les pueden decir: "Sí, éramos como tú—nos pasábamos de listos. Nos encantaba que la gente nos considerara precoces. Nos valíamos de nuestra educación para inflarnos de orgullo como globos, aunque hacíamos lo posible para ocultar esta actitud ante los demás. En nuestro fuero interno, creíamos que podíamos flotar por encima del resto de la humanidad debido únicamente a nuestra capacidad cerebral. El progreso científico nos indicaba que no había nada que el hombre no pudiera hacer. El saber era todopoderoso. El intelecto podía conquistar la naturaleza. Ya que éramos más inteligentes que la mayoría de la gente (o así lo creíamos), con sólo ponernos a pensar tendríamos el botín del vencedor. El dios del intelecto desplazó al Dios de nuestros antepasados. Pero nuevamente Don Alcohol tenía otros planes. Nosotros, que tanto habíamos ganado casi sin esfuerzo, lo perdimos todo. Nos dimos cuenta de que, si no volviéramos a considerarlo, moriríamos. Encontramos muchos en A.A. que habían pensado como nosotros. Nos ayudaron a desinflarnos hasta llegar a nuestro justo tamaño. Con su ejemplo, nos demostraron que la humildad y el intelecto podían ser compatibles, con tal de que siempre antepusiéramos la humildad al intelecto. Cuando empezamos a hacerlo, recibimos el don de la fe, una fe que obra. Esta fe también la puedes recibir tú".

Otro sector de A.A. dice: "Estábamos hartos de la religión y de todo lo que conlleva la religión. La Biblia nos parecía una sarta de tonterías; podíamos citarla, versículo por versículo, y en la maraña de genealogías perdimos de vista las bienaventuranzas. A veces, según lo veíamos nosotros, la conducta moral que proponía era inalcanzablemente buena; a veces, indudablemente nefasta. Pero lo que más nos molestaba era la conducta moral de los religiosos. Nos entreteníamos señalando la hipocresía, la fanática intolerancia y el aplastante fariseísmo que caracterizaban a tantos de los creyentes, incluso en sus trajes de domingo. Cuánto nos encantaba recalcar el hecho de que millones de los 'buenos hombres de la religión' seguían matándose, los unos a los otros, en nombre de Dios. Todo esto, por supuesto, significaba que habíamos sustituido los pensamientos positivos por los negativos. Después de unirnos a A.A., tuvimos que darnos cuenta de que esa actitud nos había servido para inflar nuestros egos. Al destacar los pecados de algunas personas religiosas, podíamos sentirnos superiores a todos los creyentes. Además, podíamos evitarnos la molestia de reconocer algunos de nuestros propios defectos. El fariseísmo, que tan desdeñosamente habíamos condenado en los demás, era precisamente el mal que a nosotros nos aquejaba. Esta respetabilidad hipócrita era nuestra ruina, en cuanto a la fe. Pero finalmente, al llegar derrotados a A.A., cambiamos de parecer.

"Como los siquiatras han comentado a menudo, la rebeldía es la característica más destacada de muchos alcohólicos. Así que no es de extrañar que muchos de nosotros hayamos pretendido desafiar al mismo Dios. A veces lo hemos hecho porque Dios no nos ha entregado las buenas cosas de la vida que le habíamos exigido, como niños codiciosos que escriben cartas a los Reyes Magos pidiendo lo imposible.

Más a menudo, habíamos pasado por una gran calamidad y, según nuestra forma de pensar, salimos perdiendo porque Dios nos había abandonado. La muchacha con quien queríamos casarnos tenía otras ideas; rezamos a Dios para que le hiciera cambiar de parecer, pero no lo hizo. Rezamos por tener hijos sanos y nos encontramos con hijos enfermizos, o sin hijos. Rezamos por conseguir ascensos en el trabajo y nos quedamos sin conseguirlos. Los seres queridos, de quienes tanto dependíamos, nos fueron arrebatados por los llamados actos de Dios. Luego, nos convertimos en borrachos, y le pedimos a Dios que nos salvara. Pero no pasó nada. Esto ya era el colmo. '¡Al diablo con esto de la fe!' dijimos.

"Cuando encontramos A.A., se nos reveló lo erróneo de nuestra rebeldía. Nunca habíamos querido saber cuál era la voluntad de Dios para con nosotros; por el contrario, le habíamos dicho a Dios cuál debería ser. Nos dimos cuenta de que nadie podía creer en Dios y, al mismo tiempo, desafiarle. Creer significaba confiar, no desafiar. En A.A. vimos los frutos de esta creencia: hombres y mujeres salvados de la catástrofe final del alcoholismo. Les vimos reunirse y superar sus otras penas y tribulaciones. Les vimos aceptar con calma situaciones imposibles, sin tratar de huir de ellas ni de reprochárselo a nadie. Esto no sólo era fe, sino una fe que obraba bajo todas las circunstancias. Para conseguir esta fe, no tardamos en encontrarnos dispuestos a pagar, con toda la humildad que esto nos pudiera costar".

Consideremos ahora el caso del individuo rebosante de fe, pero que todavía apesta a alcohol. Se cree muy devoto. Cumple escrupulosamente con sus obligaciones religiosas. Está convencido de que cree todavía en Dios, pero duda que Dios crea en él. Hace un sinfín de juramentos solemnes. Después de cada uno, no sólo vuelve a beber, sino que se comporta peor que la última vez. Valientemente se pone a luchar contra el alcohol, suplicando la ayuda de Dios, pero la ayuda no le llega. ¿Qué será lo que le pasa a esta persona?

Para los clérigos, los médicos, para sus amigos y familiares, el alcohólico que tiene tan buenas intenciones y que tan resueltamente se esfuerza por dejar de beber, es un enigma descorazonador. A la mayoría de los A.A., no les parece así. Multitud de nosotros hemos sido como él, y hemos encontrado la solución al enigma. No tiene que ver con la cantidad de fe, sino con la calidad. Esto era lo que no podíamos ver. Nos creíamos humildes, pero no lo éramos. Nos creíamos muy devotos en cuanto a las prácticas religiosas, pero al volver a considerarlo con toda sinceridad, nos dimos cuenta de que sólo practicábamos lo superficial. Otros de nosotros habíamos ido al otro extremo, sumiéndonos en el sentimentalismo y confundiéndolo con los auténticos sentimientos religiosos. En ambos casos, habíamos pedido que se nos diera algo a cambio de nada. En realidad, no habíamos puesto nuestra casa en orden, para que la gracia de Dios pudiera entrar en nosotros y expulsar la obsesión de beber. Nunca, en ningún sentido profundo y significativo, habíamos examinado nuestra conciencia, ni habíamos reparado el daño a quienes se lo habíamos causado, ni habíamos dado nada a otro ser humano sin exigir algo o esperar alguna recompensa. Ni siquiera habíamos rezado como se debe rezar. Siempre habíamos dicho, "Concédeme mis deseos", en vez de "Hágase tu voluntad". Del amor a Dios y del amor al prójimo, no teníamos la menor comprensión. Por lo tanto, seguíamos engañándonos a nosotros mismos y, en consecuencia, no estábamos en la posibilidad de recibir la gracia suficiente para devolvernos el sano juicio.

Son muy contados los alcohólicos activos que tan siquiera tienen una vaga idea de lo irracionales que son o que, si llegan a darse cuenta de su insensatez, pueden soportarla. Algunos están dispuestos a decir que son "bebedores problema", pero no pueden aceptar la sugerencia de que son, de hecho, enfermos mentales. Un mundo que no distingue entre el bebedor normal y el alcohólico contribuye a que sigan en su ceguera. El "sano juicio" se define como "salud mental". Ningún alcohólico que analice fríamente su comportamiento destructivo, ya sea que haya destruido los muebles de su casa o su propia integridad moral, puede atribuirse a sí mismo la "salud mental".

Por lo tanto, el Segundo Paso es el punto de convergencia para todos nosotros. Tanto si somos ateos, agnósticos, o antiguos creyentes, podemos estar unidos en este Paso. La verdadera humildad y amplitud de mente pueden llevarnos a la fe, y cada reunión de A.A. es un seguro testimonio de que Dios nos devolverá el sano juicio, si nos relacionamos de la forma debida con Él.

Tercer Paso

"Decidimos poner nuestras voluntades y nuestras vidas al cuidado de Dios, <u>como nosotros lo concebimos</u>".

PRACTICAR el Tercer Paso es como abrir una puerta que todavía parece estar cerrada y bajo llave. Lo único que nos hace falta es la llave y la decisión de abrir la puerta de par en par. Sólo hay una llave, y es la de la buena voluntad. Al quitar el cerrojo con la buena voluntad, la puerta casi se abre por sí misma, y al asomarnos, veremos un letrero al lado de un camino que dice: "Este es el camino hacia una fe que obra". En los dos primeros Pasos, nos dedicamos a reflexionar. Nos dimos cuenta de que éramos impotentes ante el alcohol, pero también vimos que algún tipo de fe, aunque sólo fuera una fe en A.A., es posible para cualquiera. Estas conclusiones no nos exigían ninguna acción; sólo nos requerían la aceptación.

Como todos los Pasos restantes, el Paso Tres requiere de nosotros acción positiva, porque sólo poniéndonos en acción podemos eliminar la obstinación que siempre ha bloqueado la entrada de Dios—o, si prefieres, de un Poder Superior—en nuestras vidas. La fe, sin duda, es necesaria, pero la fe por sí sola de nada sirve. Es posible tener fe y, al mismo tiempo, negar la entrada de Dios en nuestra vida. Por lo tanto, el problema que ahora nos ocupa es el de encontrar las medidas específicas que debemos tomar para poder dejarle entrar. El Tercer Paso representa nuestra primera tentativa para hacerlo. De hecho, la eficacia de todo el programa de A.A. dependerá de lo seria y diligentemente que hayamos intentado llegar a "una decisión de poner nuestras voluntades y nuestras vidas al cuidado de Dios, como nosotros lo concebimos".

A cada principiante mundano y práctico, este Paso le parece difícil, e incluso imposible. Por mucho que desee tratar de hacerlo, ¿cómo puede exactamente poner su voluntad y su propia vida al cuidado de cualquier Dios que él cree que existe? Afortunadamente, los que lo hemos intentado, con el mismo recelo, podemos atestiguar que cualquiera, sea quien sea, puede empezar a hacerlo. Además, podemos agregar que un comienzo, incluso el más tímido, es lo único que hace falta. Una vez que hemos metido la llave de la buena voluntad en la cerradura, y tenemos la puerta entreabierta, nos damos cuenta de que siempre podemos abrirla un poco más. Aunque la obstinación puede cerrarla otra vez de un portazo, como a menudo lo hace, siempre se volverá a abrir tan pronto como nos valgamos de la llave de la buena voluntad.

Puede que todo esto te suene misterioso y oculto, algo parecido a la teoría de la relatividad de Einstein o a una hipótesis de física nuclear. No lo es en absoluto. Veamos lo práctico que realmente es. Cada hombre y cada mujer que se ha unido a A.A. con intención de quedarse con nosotros, ya ha comenzado a practicar, sin darse cuenta, el Tercer Paso. ¿No es cierto que en todo lo que se refiere al alcohol, cada uno de ellos ha decidido poner su vida al cuidado, y bajo la protección y orientación de Alcohólicos Anónimos? Ya ha logrado una buena disposición para expulsar su propia voluntad y sus propias ideas acerca del problema del alcohol y adoptar, a cambio, las sugeridas por A.A. Todo principiante bien dispuesto se siente convencido de que A.A. es el único refugio seguro para el barco a punto de hundirse en que se ha convertido su vida. Si esto no es entregar su voluntad y su vida a una Providencia recién encontrada, entonces, ¿qué es?

Pero supongamos que el instinto todavía nos proteste a gritos, como sin duda lo hará: "Sí, en cuanto al alcohol, parece que tengo que depender de A.A.; pero en todos los demás asuntos, insisto en mantener mi independencia. No hay nada que me vaya a transformar en una nulidad. Si sigo poniendo mi vida y mi voluntad al cuidado de Alguien o de Algo, ¿qué será de mí? Me convertiré en un cero a la izquierda". Este, por supuesto, es el proceso por el que el instinto y la lógica intentan reforzar el egotismo y así frustran el desarrollo espiritual. Lo que esta forma de pensar tiene de malo es el no tener en cuenta los hechos reales. Y los hechos parecen ser los siguientes: Cuanto más dispuestos estamos a depender de un Poder Superior, más independientes somos en realidad. Por lo tanto, la dependencia, tal y como se practica en A.A., es realmente una manera de lograr la verdadera independencia del espíritu. Examinemos, por un momento, esta idea de la dependencia al nivel de la vida cotidiana. Es asombroso descubrir lo dependientes que somos en esta esfera, y lo poco conscientes que somos de esa dependencia. Todas las casas modernas tienen cables eléctricos que conducen la energía y la luz a su interior. Nos encanta esta dependencia; no queremos por nada en el mundo que se nos corte el suministro eléctrico. Al aceptar así nuestra dependencia de esta maravilla de la ciencia, disfrutamos de una mayor independencia personal. No sólo disfrutamos de más independencia, sino también de más comodidad y seguridad. La corriente fluye hasta llegar donde se necesite. La electricidad, esa extraña energía que muy poca gente comprende, satisface silenciosa y eficazmente nuestras necesidades diarias más sencillas, y también las más apremiantes. Pregúntale si no al enfermo de polio, encerrado en un pulmón de acero, que depende ciegamente de un motor eléctrico para poder seguir respirando.

Pero, ¡cómo cambia nuestra actitud cuando se trata de nuestra independencia mental o emocional! Con cuánta insistencia reclamamos el derecho de decidir por nosotros mismos precisamente lo que vamos a pensar y exactamente lo que vamos a hacer. Sí, vamos a sopesar el pro y el contra de todo problema. Escucharemos cortésmente a los que quieran aconsejarnos, pero solamente nosotros tomaremos todas las decisiones. En tales asuntos, nadie va a limitar nuestra independencia personal. Además, creemos que no hay nadie que merezca toda nuestra confianza. Estamos convencidos de que nuestra inteligencia, respaldada por nuestra fuerza de voluntad, puede controlar debidamente nuestra vida interior y asegurar nuestro éxito en el mundo en que vivimos. Esta brava filosofía, según la cual cada hombre hace el papel de Dios, suena muy bien, pero todavía tiene que someterse a la prueba decisiva: ¿cómo va a funcionar en la práctica? Una detenida mirada al espejo debe ser suficiente respuesta para cualquier alcohólico.

Si su imagen en el espejo le resulta demasiado horrorosa de contemplar (y suele ser así), no estaría de más que el alcohólico echara una mirada a los resultados que la gente normal obtiene con la autosuficiencia. En todas partes ve a gente colmada de ira y de miedo. Ve a sociedades desintegrándose en facciones que luchan entre sí. Cada facción les dice a las otras, "Nosotros tenemos razón y ustedes están equivocados". Cada grupo de presión de esta índole, si tiene fuerza suficiente, impone su voluntad en los demás, convencido de la rectitud de su causa. Y en todas partes se hace lo mismo en plan individual. El resultado de tanta lucha es una paz cada vez más frágil y una hermandad cada vez menor. La filosofía de la autosuficiencia no es rentable. Se puede ver claramente que es un monstruo devastador que acabará llevándonos a la ruina total.

Por lo tanto, nosotros los alcohólicos nos podemos considerar muy afortunados.

Cada uno de nosotros ya ha tenido su propio y casi mortal encuentro con el monstruo de la obstinación, y ha sufrido tanto su pesada opresión que está dispuesto a buscar algo mejor. Así que, por las circunstancias y no por ninguna virtud que pudiéramos tener, nos hemos visto impulsados a unirnos a A.A., hemos admitido nuestra derrota, hemos adquirido los rudimentos de la fe y ahora queremos tomar la decisión de poner nuestra voluntad y nuestra vida al cuidado de un Poder Superior.

Nos damos cuenta de que la palabra "dependencia" es tan desagradable para muchos siquiatras y sicólogos como lo es para los alcohólicos. Al igual que nuestros amigos profesionales, nosotros también somos conscientes de que hay formas impropias de dependencia. Las hemos padecido en carne propia. Por ejemplo, ningún adulto debe tener una excesiva dependencia emocional de sus padres. Hace años que debían haber cortado el cordón umbilical, y si no lo han cortado ya, deberían darse cuenta del hecho. Esta forma de dependencia impropia ha causado que muchos alcohólicos rebeldes lleguen a la conclusión de que cualquier tipo de dependencia tiene que ser insoportablemente dañina. Pero el depender de un grupo de A.A. o de un Poder Superior no ha producido ningún resultado funesto para nadie.

Cuando estalló la Segunda Guerra Mundial, se puso a prueba por primera vez este principio espiritual. Los A.A. se alistaron en las fuerzas armadas y se encontraban estacionados en todas partes del mundo. ¿Podrían aguantar la disciplina, comportarse con valor en el fragor de las batallas, y soportar la monotonía y las angustias de la guerra? ¿Les serviría de ayuda el tipo de dependencia que habían aprendido en A.A.? Pues, sí les sirvió. Tuvieron incluso menos recaídas y borracheras emocionales que los A.A. que se quedaban en la seguridad de sus hogares. Tenían tanta capacidad de resistencia y tanto valor como los demás soldados. Tanto en Alaska como en las cabezas de playa de Salerno, su dependencia de un Poder Superior les ayudó. Y lejos de ser una debilidad, esta dependencia fue su principal fuente de fortaleza.

¿Cómo puede entonces una persona bien dispuesta seguir poniendo su voluntad y su vida al cuidado de un Poder Superior? Ya le hemos visto dar un comienzo al empezar a confiar en A.A. para solucionar su problema con el alcohol.

A estas alturas es probable que se haya convencido de que tiene otros problemas además del alcohol y que, a pesar de todo el empeño y el valor con que los afronte, algunos de estos problemas no se pueden solucionar. Ni siquiera puede hacer el menor progreso. Le hacen sentirse desesperadamente infeliz y amenazan su recién lograda sobriedad. Al pensar en el ayer, nuestro amigo sigue siendo víctima de los remordimientos y del sentido de la culpabilidad. Todavía se siente abrumado por la amargura cuando piensa en quienes aún odia o envidia. Su inseguridad económica le preocupa enormemente, y le entra pánico al pensar en las naves quemadas por el alcohol, que le pudieran haber llevado a un puerto seguro. Y, ¿cómo va a arreglar ese lío que le costó el afecto de su familia y le separó de ella? No podrá hacerlo contando únicamente con su valor y su voluntad. Ahora tendrá que depender de Alguien o de Algo.

Al principio, es probable que ese "alguien" sea su más íntimo amigo de A.A. Cuenta con lo que le ha asegurado esa persona, de que sus numerosas dificultades, aun más agudas ahora porque no puede utilizar el alcohol para matar las penas, también se pueden resolver. Naturalmente, el padrino le indica a nuestro amigo que su vida todavía es ingobernable a pesar de que está sobrio, que no ha hecho sino un mero comienzo en el programa de A.A. Es sin duda una buena cosa lograr una sobriedad más segura por medio de la admisión del alcoholismo y de la asistencia a algunas reuniones de A.A., pero esto dista mucho de ser una sobriedad permanente y una vida útil y feliz. Allí entran en juego los demás Pasos del programa de A.A. Nada que no sea una práctica constante de estos Pasos como una manera de vida puede producir el resultado tan deseado.

Luego el padrino le explica que los demás Pasos del programa de A.A. sólo podrán practicarse con éxito cuando se haya intentado practicar el Tercer Paso con determinación y persistencia. Puede que estas palabras les sorprendan a los recién llegados que no han experimentado sino un desinflamiento constante, y que se encuentran cada vez más convencidos de que la voluntad humana no vale para nada en absoluto. Han llegado a creer, y con razón, que otros muchos problemas además del alcohol, no cederán ante un ataque frontal emprendido por el individuo solo y sin ayuda. Pero ahora parece que hay ciertas cosas que sólo el individuo puede hacer. El solito, y conforme a sus propias circunstancias, tiene que cultivar la buena voluntad. Cuando haya adquirido la buena voluntad, sólo él puede tomar la decisión de esforzarse. El intentar hacer esto es un acto de su propia voluntad. Todos los Doce Pasos requieren un constante esfuerzo personal para someternos a sus principios y así, creemos, a la voluntad de Dios. Empezamos a hacer el debido uso de nuestra voluntad cuando tratamos de someterla a la voluntad de Dios. Para todos nosotros, ésta fue una maravillosa revelación. Todas nuestras dificultades se habían originado en el mal uso de la fuerza de voluntad. Habíamos tratado de bombardear nuestros problemas con ella, en lugar de intentar hacerla coincidir con los designios que Dios tenía para nosotros. El objetivo de los Doce Pasos de A.A. es hacer esto posible cada vez más, y el Tercer Paso nos abre la puerta.

Una vez que estemos de acuerdo con estas ideas, es muy fácil empezar a practicar el Tercer Paso. En todo momento de trastornos emocionales o indecisiones, podemos hacer una pausa, pedir tranquilidad, y en la quietud decir simplemente: "Dios, concédeme la serenidad para aceptar las cosas que no puedo cambiar, el valor para cambiar las cosas que puedo, y la sabiduría para reconocer la diferencia. Hágase Tu voluntad, no la mía".

Cuarto Paso

"Sin temor hicimos un minucioso inventario moral de nosotros mismos".

AL ser creados, fuimos dotados de instintos para un propósito. Sin ellos, no seríamos seres humanos completos. Si los hombres y las mujeres no se esforzaran por tener seguridad personal, si no se molestaran en cosechar su alimento o en construir sus moradas, no podrían sobrevivir. Si no se reprodujeran, la tierra no estaría poblada. Si no hubiera ningún instinto social, si a los seres humanos no les importara disfrutar de la compañía de sus semejantes, no existiría sociedad alguna. Por lo tanto, estos deseos—de relaciones sexuales, de seguridad material y emocional, y de compañerismo—son perfectamente necesarios y apropiados—y sin duda provienen de Dios.

No obstante, estos instintos, tan necesarios para nuestra existencia, a menudo sobrepasan con mucho los límites de su función apropiada. Poderosa y ciegamente, y muchas veces de una manera sutil, nos impulsan, se apoderan de nosotros, e insisten en dominar nuestras vidas. Nuestros deseos de sexo, de seguridad material y emocional, y de un puesto eminente en la sociedad a menudo nos tiranizan. Cuando se salen así de sus cauces, los deseos naturales del ser humano, le crean grandes problemas; de hecho, casi todos los problemas que tenemos, tienen su origen aquí. Ningún ser humano, por bueno que sea, es inmune a estos problemas. Casi todo grave problema emocional se puede considerar como un caso del instinto descarriado. Cuando esto ocurre, nuestros grandes bienes naturales, los instintos, se han convertido en debilidades físicas y mentales.

El Cuarto Paso es nuestro enérgico y esmerado esfuerzo para descubrir cuáles han sido, y siguen siendo, para nosotros estas debilidades. Queremos saber exactamente cómo, cuándo y dónde nuestros deseos naturales nos han retorcido. Queremos afrontar, sin pestañear, la infelicidad que esto ha causado a otras personas y a nosotros mismos. Al descubrir cuáles son nuestras deformaciones emocionales, podemos empezar a corregirlas. Si no estamos dispuestos a hacer un esfuerzo persistente para descubrirlas, es poca la sobriedad y felicidad que podemos esperar. La mayoría de nosotros nos hemos dado cuenta de que, sin hacer sin miedo un minucioso inventario moral, la fe que realmente obra en la vida cotidiana se encuentra todavía fuera de nuestro alcance.

Antes de entrar en detalles sobre la cuestión del inventario, tratemos de identificar cuál es el problema básico. Ejemplos sencillos como el siguiente cobran una inmensa significación, cuando nos ponemos a pensar en ellos. Supongamos que una persona antepone el deseo sexual a todo lo demás. En tal caso, este instinto imperioso puede destruir sus posibilidades de lograr la seguridad material y emocional, así como de mantener su posición social en la comunidad. Otra persona puede estar tan obsesionada por la seguridad económica que lo único que quiere hacer es acumular dinero. Puede llegar al extremo de convertirse en un avaro, o incluso un solitario que se aisla de su familia y sus amigos.

Pero la búsqueda de la seguridad no siempre se expresa en términos de dinero. Muy a menudo vemos a un ser humano lleno de temores insistir en depender totalmente de la orientación y protección de otra persona más fuerte. El débil, al rehusar cumplir con las responsabilidades de la vida con sus propios recursos, nunca alcanza la madurez. Su destino es sentirse siempre desilusionado y desamparado. Con el tiempo, todos sus protectores huyen o mueren, y una vez más se queda solo y aterrado.

También hemos visto a hombres y mujeres enloquecidos por el poder, y que se dedican a intentar dominar a sus semejantes. A menudo estas personas tiran por la borda cualquier oportunidad de tener una seguridad legítima y una vida familiar feliz. Siempre que un ser humano se convierta en un campo de batalla de sus propios instintos, no podrá conocer la paz.

Pero los peligros no terminan aquí. Cada vez que una persona impone en otros sus irrazonables instintos, la consecuencia es la infelicidad. Si en su búsqueda de la riqueza, pisotea a la gente que se encuentra en su camino, es probable que vaya a suscitar la ira, los celos y la venganza. Si el instinto sexual se desboca, habrá una conmoción similar. Exigir demasiada atención, protección, y amor a otra gente sólo puede incitar en los mismos protectores la repulsión y la dominación—dos emociones tan malsanas como las exigencias que las provocaron. Cuando los deseos de conseguir prestigio personal llegan a ser incontrolables, ya sea en el círculo de amigos o en la mesa de conferencias internacionales, siempre hay algunas personas que sufren y, a menudo, se rebelan. Este choque de los instintos puede producir desde un frío desaire hasta una revolución violenta. De esta manera, nos ponemos en conflicto no solamente con nosotros mismos, sino con otras personas, que también tienen instintos.

Más que ninguna otra persona, el alcohólico debiera darse cuenta de que sus instintos desbocados son la causa fundamental de su forma destructiva de beber. Hemos bebido para ahogar el temor, la frustración y la depresión. Hemos bebido para escapar de los sentimientos de culpabilidad ocasionados por nuestras pasiones, y luego hemos vuelto a beber para reavivar esas pasiones. Hemos bebido por pura vanagloria para poder disfrutar mejor nuestros descabellados sueños de pompa y poder. No es muy grato contemplar esta perversa enfermedad del alma. Los instintos desbocados se resisten a ser analizados. En cuanto intentamos hacer un serio esfuerzo por examinarlos, es probable que suframos una reacción desagradable.

Si por temperamento tendemos al lado depresivo, es probable que nos veamos inundados de un sentimiento de culpabilidad y de odio hacia nosotros mismos. Nos sumimos en este pantano sucio, del que a menudo sacamos un placer perverso y doloroso. Al entregarnos mórbidamente a esta actividad melancólica, puede que nos hundamos en la desesperación hasta tal punto que sólo el olvido nos parece la única solución posible. En este punto, por supuesto, hemos perdido toda perspectiva y, por lo tanto, la auténtica humildad. Porque esto es la otra cara del orgullo. No es en absoluto un inventario moral; es el mismo proceso que muy a menudo ha llevado a la persona depresiva a la botella y a la extinción.

Sin embargo, si por naturaleza nos inclinamos hacia la hipocresía o la grandiosidad, nuestra reacción será la opuesta. Nos sentiremos ofendidos por el inventario sugerido de A.A. Sin duda aludiremos con orgullo a la vida virtuosa que creíamos haber llevado antes de que la botella nos derrotara. Insistiremos en que nuestros graves defectos de carácter, si es que creemos tener alguno, han sido *causados* principalmente por haber bebido en exceso. Siendo este el caso, creemos que lo que se deriva lógicamente es que la sobriedad es la única meta que tenemos que intentar lograr. Creemos que, tan pronto como dejemos el alcohol, nuestro buen carácter renacerá. Si siempre habíamos sido buenas personas, excepto por nuestra forma de beber, ¿qué necesidad tenemos de hacer un inventario moral ahora que estamos sobrios?

También nos agarramos a otra magnífica excusa para evitar el inventario. Exclamamos que nuestros problemas e inquietudes actuales están causados por el comportamiento de otra gente—gente que *realmente* necesita hacer un inventario moral. Creemos firmemente que si sólo nos trataran mejor, no tendríamos ningún problema. Por lo tanto, creemos que nuestra indignación está justificada y es razona-

ble—que nuestros resentimientos son "bien apropiados".
Nosotros no somos los culpables. Son *ellos*.

En esta etapa del inventario, nuestros padrinos vienen a
rescatarnos. Pueden hacer esto, porque son los portadores
de la experiencia comprobada de A.A. con el Cuarto Paso.
Consuelan a la persona melancólica, primero mostrándole
que no es un caso extraño ni diferente, que probablemente
sus defectos de carácter no son ni más numerosos ni peores
que los de cualquier otro miembro de A.A. El padrino de-
muestra esto rápidamente, hablando abierta y francamente,
y sin exhibicionismo, acerca de sus propios defectos, antiguos y actuales. Este inventario sereno y, a la vez, realista
es inmensamente tranquilizador. Probablemente el padrino
le indica al recién llegado que junto con sus defectos puede
anotar algunas virtudes. Esto contribuye a disipar el pesimismo y fomentar el equilibrio. Tan pronto como empiece a
ser más objetivo, el principiante podrá considerar sin miedo
sus propios defectos.

Los padrinos de los que creen que no necesitan hacer un
inventario se ven enfrentados con un problema muy diferente, porque la gente impulsada por el orgullo de sí misma,
inconscientemente se niegan a ver sus defectos. Es poco probable que estos principiantes necesiten consuelo. Lo necesario, y difícil, es ayudarles a encontrar una grieta en la pared
construida por sus egos, por la que pueda brillar la luz de
la razón.

Para empezar, se les puede decir que la mayoría de los
A.A., en sus días de bebedores, estuvieron gravemente afligidos por la autojustificación. Para la mayoría de nosotros, la
autojustificación era lo que nos daba excusas—excusas para
beber, por supuesto, y para todo tipo de conducta disparata-
da y dañina. Eramos artistas en la invención de pretex-
tos. Teníamos que beber porque estábamos pasándolo muy
mal, o muy bien. Teníamos que beber porque en nuestros
hogares nos agobiaban con amor, o porque no recibíamos
amor alguno. Teníamos que beber porque en nuestros tra-

bajos teníamos un gran éxito, o porque habíamos fracasado. Teníamos que beber porque nuestro país había ganado una guerra o perdido la paz. Y así fue, ad infinitum.

Creíamos que las "circunstancias" nos impulsaban a beber, y cuando habíamos intentado corregir estas circunstancias, al ver que no podíamos hacerlo a nuestra plena satisfacción, empezamos a beber de forma desenfrenada y nos convertimos en alcohólicos. Nunca se nos ocurrió pensar que nosotros éramos quienes teníamos que cambiar para ajustarnos a las circunstancias, fueran cuales fueran.

Pero en A.A., poco a poco llegamos a darnos cuenta de que teníamos que hacer algo respecto a nuestros resentimientos vengativos, nuestra autoconmiseración, y nuestro poco merecido orgullo. Teníamos que reconocer que cada vez que nos las dábamos de personajes, la gente se volvía en contra nuestra. Teníamos que reconocer que cuando albergábamos rencores y planeábamos vengarnos por tales derrotas, en realidad nos estábamos dando golpes a nosotros mismos con el garrote de la ira, golpes que habíamos querido asestar a otros. Nos dimos cuenta de que si nos sentíamos gravemente alterados, lo *primero* que teníamos que hacer era apaciguarnos, sin importarnos la persona o las circunstancias que nosotros creyéramos responsables de nuestro trastorno.

A muchos de nosotros nos costaba mucho tiempo ver lo engañados que estábamos por nuestras volubles emociones. Podíamos verlas rápidamente en otras personas, pero tardábamos mucho en verlas en nosotros mismos. Ante todo, era necesario admitir que teníamos muchos de estos defectos, aunque el hacerlo nos causara mucho dolor y humillación. En lo que respecta a otra gente, teníamos que eliminar la palabra "culpa" de nuestro vocabulario y de nuestros pensamientos. Para poder empezar a hacer esto, nos hacía falta mucha buena voluntad. Pero una vez salvados los dos o tres primeros obstáculos, el camino nos parecía cada vez más fácil de seguir. Porque habíamos empezado a vernos en nuestra justa medida, es decir, habíamos adquirido más humildad.

Claro está que la persona depresiva y la persona agresiva y orgullosa son extremos de la gama de personalidades humanas, y son tipos que abundan tanto en A.A. como en el mundo exterior. Muchas veces estas personalidades se presentan de forma tan definida como en los ejemplos que hemos dado. Pero con la misma frecuencia se encuentran algunas que casi pueden clasificarse en ambas categorías. Los seres humanos nunca son totalmente idénticos, así que cada uno de nosotros, al hacer nuestro inventario, tendremos que determinar cuáles son nuestros propios defectos de carácter. Cuando encuentre los zapatos a su medida, debe ponérselos y andar con la seguridad de que por fin está en el buen camino.

Reflexionemos ahora sobre la necesidad de hacer una lista de los defectos de personalidad más pronunciados que todos tenemos en diversos grados. Para los que tienen una formación religiosa, en esta lista aparecerían graves violaciones de principios morales. Otros la considerarían como una lista de defectos de carácter. Y otros como un catálogo de inadaptaciones. Algunos se sentirán muy molestos si se habla de inmoralidad, y mucho más si se habla de pecado. Pero todo aquel que dispone de un mínimo de sensatez, estará de acuerdo en un punto: que dentro del alcohólico hay muchas cosas que no funcionan bien, y que hay mucho que hacer para remediarlas si esperamos lograr la sobriedad, hacer el progreso y tener una verdadera capacidad para enfrentarnos a las realidades de la vida.

Para evitar caer en la confusión discutiendo sobre los nombres que se deben dar a estos defectos, utilicemos una lista universalmente aceptada de las principales flaquezas humanas—los Siete Pecados Capitales: soberbia, avaricia, lujuria, ira, gula, envidia y pereza. No es casualidad que la soberbia encabece la lista. Porque la soberbia, que conduce a la autojustificación, y que está siempre espoleada por temores conscientes o inconscientes, es la que genera la mayoría de las dificultades humanas, y es el principal obstáculo al verdadero progreso. La soberbia nos hace caer en la trampa de imponer en nosotros mismos y en otra gente exigencias que no se pueden cumplir sin pervertir o abusar de los instintos que Dios nos ha dotado. Cuando la satisfacción de nuestro instinto de sexo, de seguridad y de disfrutar de la compañía de nuestros semejantes se convierte en la única meta de nuestras vidas, entonces aparece la soberbia para justificar nuestros excesos.

Todas estas flaquezas generan el miedo que es, en sí mismo, una enfermedad del alma. Luego, el miedo, a su vez, genera más defectos de carácter. Un temor exagerado de no poder satisfacer nuestros instintos nos lleva a codiciar los bienes de otros, a tener avidez de sexo y de poder, a enfurecernos al ver amenazadas nuestras exigencias instintivas, a sentir envidia al ver realizadas las ambiciones de otra gente y las nuestras frustradas. Comemos más, bebemos más y tratamos de coger más de lo que necesitamos de todo, temiendo que nunca tendremos lo suficiente. La perspectiva de trabajar nos asusta tan profundamente que nos hundimos en la pereza. Holgazaneamos, y tratamos de dejarlo todo para el día de mañana, o, si trabajamos, lo hacemos de mala gana y a medias. Estos temores son como plagas que van royendo los cimientos sobre los que tratamos de construir una vida.

Así que cuando A.A. sugiere que hagamos sin miedo un inventario moral, tiene que parecerle al recién llegado que se le pide más de lo que puede hacer. Cada vez que intenta mirar en su interior, tanto su orgullo como sus temores le hacen retroceder. El Orgullo le dice, "No hace falta que te molestes en hacerlo", y el Temor le dice, "No te atrevas a hacerlo". Pero según el testimonio de los A.A. que han intentado sinceramente hacer un inventario moral, el orgullo y el miedo en estos momentos no son sino espantajos. Una vez que estemos plenamente dispuestos a hacer nuestro inventario, y que nos dediquemos a hacerlo con todo esmero, una luz inesperada nos llega para disipar la neblina. Conforme perserveramos en el intento, nace una nueva seguridad, y el alivio que sentimos al enfrentarnos por fin con nosotros mismos es indescriptible. Estos son los primeros frutos del Cuarto Paso.

Al llegar a este punto, es probable que el principiante haya sacado las siguientes conclusiones: que sus defectos de carácter, que representan sus instintos descarriados, han sido la causa primordial de su forma de beber y de su fracaso en la vida; que, a no ser que esté dispuesto a trabajar diligentemente para eliminar sus peores defectos, tanto la sobriedad como la tranquilidad de mente quedarán fuera de su alcance; que tendrá que derribar los cimientos defectuosos de su vida y volver a construirlos sobre roca firme. Ahora, dispuesto a empezar la búsqueda de sus propios defectos, se preguntará a sí mismo, "¿Cómo debo proceder exactamente? ¿*Cómo* hago un inventario personal?"

Puesto que el Cuarto Paso no es sino el mero comienzo de una práctica que nos habrá de durar toda la vida, podemos sugerirle que lo empiece examinando aquellos defectos que más le molestan y que más le saltan a la vista. Valiéndose de su mejor criterio respecto a lo que ha habido de bueno y de malo en su vida, puede hacer una especie de resumen general de su conducta en lo concerniente a sus instintos primordiales de sexo, de seguridad y de relaciones sociales. Al repasar su vida anterior, puede comenzar fácilmente el proceso con una consideración de algunas preguntas como las siguientes:

¿Cuándo, cómo, y en cuáles circunstancias he hecho daño a otras personas y a mí mismo insistiendo en satisfacer mi deseo egoísta de relaciones sexuales? ¿Quiénes se vieron lastimados, y cuál fue el daño que les hice? ¿Llegué a arruinar mi matrimonio y a herir a mis hijos? ¿Puse en peligro mi reputación en la comunidad? ¿Precisamente cómo reaccioné ante estas situaciones en el momento en que ocurrieron? ¿Me sentía consumido de un sentimiento de culpabilidad que nada podría aliviar? O, ¿insistí en que era yo la presa y no el depredador, intentando así absolverme? ¿Cómo he reaccionado ante la frustración en cuestiones sexuales? Al verme rechazado, ¿me he vuelto vengativo o deprimido? ¿Me he desquitado con terceras personas? Si he encontrado un rechazo o frialdad en casa, ¿lo he aprovechado como un pretexto para tener aventuras amorosas?

Para la mayoría de los alcohólicos también son muy importantes las preguntas que tienen que hacerse acerca de su comportamiento respecto a la seguridad económica y emocional. En estos aspectos de la vida, el temor, la avaricia, los celos y el orgullo suelen tener el peor efecto. Al repasar su historial profesional o laboral, casi cualquier alcohólico puede hacerse preguntas como éstas: Además de mi problema con la bebida, ¿qué defectos de carácter contribuyeron a mi inestabilidad económica? ¿Destruyeron la confianza que tenía en mí mismo y me llenaron de conflictos el temor y la inseguridad que sentía acerca de mi aptitud para hacer mis trabajos? ¿Intenté ocultar estos sentimientos de insuficiencia con fanfarronadas, engaños, mentiras o escurriendo el bulto? O, ¿me quejaba de que otras personas no reconocían mis talentos extraordinarios? ¿Me sobrestimaba a mí mismo y hacia el papel de personaje importante? ¿Traicionaba a mis colegas y compañeros de trabajo a causa de mi ambición tan desmedida y mi falta de principios? ¿Derrochaba el dinero para aparentar? ¿Pedía dinero prestado imprudentemente, sin importarme si lo podía devolver o no? ¿Era tacaño, negándome a mantener a mi familia debidamente? ¿Escatimaba gastos en mis tratos comerciales de forma poco honrada? ¿Y los intentos para ganar dinero fácil y rápidamente, en el mercado de valores y las carreras de caballos?

Naturalmente, muchas de estas preguntas se aplican igualmente a las mujeres de negocios en A.A. Pero el ama de casa alcohólica también puede causar la inseguridad económica de la familia. Puede falsear las cuentas de crédito, manipular el presupuesto para comida, pasar las tardes jugándose el dinero, y cargar de deudas a su marido con su irresponsabilidad, derroche y despilfarro.

Pero todos los alcohólicos que han perdido sus trabajos, sus familias y sus amigos a causa de la bebida tendrán que examinarse despiadadaménte a sí mismos para determinar cómo sus propios defectos de personalidad han demolido su seguridad.

Los síntomas más comunes de la inseguridad emocional son la ansiedad, la ira, la autoconmiseración y la depresión. Estas se originan en causas que a veces parecen estar dentro de nosotros y otras veces parecen ser externas. Para hacer un inventario al respecto, debemos considerar cuidadosamente las relaciones personales que constante o periódicamente nos han ocasionado problemas. Se debe tener en cuenta que este tipo de inseguridad se suele presentar en cualquier ocasión en que los instintos se ven amenazados. Las preguntas encaminadas a aclarar este asunto pueden ser así: Fijándome tanto en el pasado como en el presente, ¿cuáles situaciones sexuales me han producido sensaciones de inquietud, amargura, frustración o depresión? Considerando imparcialmente cada situación, ¿puedo ver dónde yo he tenido la culpa? ¿Me asediaban estas perplejidades debido a mi egoísmo y mis exigencias exageradas? O, si mi trastorno parecía ser provocado por el comportamiento de otras personas, ¿por qué carezco de la capacidad para aceptar las circunstancias que no puedo cambiar? Estas son las preguntas básicas que pueden revelar el origen de mi desasosiego e indicar si tengo la posibilidad de cambiar mi propia conducta para así adaptarme serenamente a la autodisciplina.

Supongamos que la inseguridad económica suscita constantemente estos mismos sentimientos. Puedo preguntarme a mí mismo hasta qué punto mis propios errores han nutrido las inquietudes que me van carcomiendo. Y si las acciones de otra gente forman parte de la causa, ¿qué puedo hacer al respecto? Y si no puedo cambiar las circunstancias actuales, ¿estoy dispuesto a tomar las medidas necesarias para adaptar mi vida a estas circunstancias? Estas preguntas, y otras muchas que se nos ocurrirán según el caso particular, contribuirán a descubrir las causas fundamentales.

Pero nuestras relaciones retorcidas con nuestra familia, nuestros amigos y la sociedad en general son las que nos han causado el mayor sufrimiento a muchos de nosotros. Hemos sido especialmente estúpidos y tercos en este aspecto. El hecho fundamental que nos hemos negado a reconocer es nuestra incapacidad para sostener una relación equilibrada con otro ser humano. Nuestra egomanía nos crea dos escollos desastrosos. O bien insistimos en dominar a la gente que conocemos, o dependemos excesivamente de ellos. Si nos apoyamos demasiado en otras personas, tarde o temprano nos fallarán, porque también son seres humanos y les resulta imposible satisfacer nuestras continuas exigencias. Así alimentada, nuestra inseguridad va haciéndose cada vez más acusada. Si acostumbramos intentar manipular a otros para que se adapten a nuestros deseos obstinados, ellos se rebelan y se nos resisten con todas sus fuerzas. Entonces nos sentimos heridos, nos vemos afligidos de una especie de manía persecutoria y del deseo de vengarnos. Al redoblar nuestros esfuerzos para dominar, y seguir fracasando en este intento, nuestro sufrimiento llega a ser agudo y constante. Nunca hemos intentado ser un miembro de la familia, un amigo entre amigos, un trabajador entre otros trabajadores, y un miembro útil de la sociedad. Siempre hemos luchado por destacarnos del montón o por escondernos.

Este comportamiento egoísta nos impedía tener una relación equilibrada con cualquier persona a nuestro alrededor. No teníamos la menor comprensión de lo que es la auténtica hermandad.

Algunos pondrán reparos a muchas de las preguntas formuladas, porque creen que sus propios defectos de carácter no eran de tanta envergadura. A estas personas se les puede sugerir que un examen concienzudo probablemente sacará a relucir esos mismos defectos a los que se referían las preguntas molestas. Ya que vista superficialmente nuestra historia no parece ser tan mala, a menudo nos asombramos al descubrir que así parece porque hemos enterrado estos defectos de carácter bajo gruesas capas de autojustificación. Sean cuales sean, estos defectos emboscados nos han tendido la trampa que acabó por llevarnos al alcoholismo y la infelicidad.

Por lo tanto, al hacer nuestro inventario la palabra clave es minuciosidad. Para tal fin, es aconsejable poner por escrito nuestras preguntas y respuestas. Nos ayudará a pensar con claridad y a evaluar nuestra conducta con sinceridad. Será la primera muestra palpable de que estamos completamente dispuestos a seguir adelante.

Quinto Paso

"Admitimos ante Dios, ante nosotros mismos, y ante otro ser humano, la naturaleza exacta de nuestros defectos".

TODOS los Doce Pasos de A.A. nos piden que vayamos en contra de nuestros deseos naturales... todos ellos desinflan nuestros egos. En cuanto al desinflamiento del ego, hay pocos Pasos que nos resulten más difíciles que el Quinto. Pero tal vez no hay otro Paso más necesario para lograr una sobriedad duradera y la tranquilidad de espíritu.

La experiencia de A.A. nos ha enseñado que no podemos vivir a solas con nuestros problemas apremiantes y los defectos de carácter que los causan o los agravan. Si hemos examinado nuestras carreras a la luz del Cuarto Paso, y hemos visto iluminadas y destacadas aquellas experiencias que preferiríamos no recordar, si hemos llegado a darnos cuenta de cómo las ideas y acciones equivocadas nos han lastimado a nosotros y a otras personas, entonces, la necesidad de dejar de vivir a solas con los fantasmas atormentadores del pasado cobra cada vez más urgencia. Tenemos que hablar de ellos con alguien.

No obstante, es tal la intensidad de nuestro miedo y nuestra desgana a hacerlo que al principio muchos alcohólicos intentan saltar el Quinto Paso. Buscamos una alternativa más cómoda—que suele ser el admitir, de forma general y poco molesta, que cuando bebíamos a veces éramos malos actores. Entonces, para remacharlo, añadíamos unas descripciones dramáticas de algunos aspectos de nuestra conducta alcohólica que, de todas formas, nuestros amigos probablemente ya conocían.

Pero acerca de las cosas que realmente nos molestan y nos enojan, no decimos nada. Ciertos recuerdos angustiosos o humillantes, nos decimos, no se deben compartir con nadie. Los debemos guardar en secreto. Nadie jamás debe conocerlos. Esperamos llevárnoslos a la tumba.

Sin embargo, si la experiencia de A.A. nos sirve para algo, esta decisión no sólo es poco sensata, sino también muy peligrosa. Pocas actitudes confusas nos han causado más problemas que la de tener reservas en cuanto al Quinto Paso. Algunas personas ni siquiera pueden mantenerse sobrias por poco tiempo; otras tendrán recaídas periódicamente hasta que logren poner sus casas en orden. Incluso los veteranos de A.A., que llevan muchos años sobrios, a menudo pagan un precio muy alto por haber escatimado esfuerzos en este Paso. Contarán cómo intentaban cargar solos con este peso; cuánto sufrieron de irritabilidad, de angustia, de remordimientos y de depresión; y cómo, al buscar inconscientemente alivio, a veces incluso acusaban a sus mejores amigos de los mismos defectos de carácter que ellos mismos intentaban ocultar. Siempre descubrían que nunca se encuentra el alivio al confesar los pecados de otra gente. Cada cual tiene que confesar los suyos.

Esta costumbre de reconocer los defectos de uno mismo ante otra persona es, por supuesto, muy antigua. Su valor ha sido confirmado en cada siglo, y es característico de las personas que centran sus vidas en lo espiritual y que son verdaderamente religiosas. Pero hoy día no sólo la religión aboga a favor de este principio salvador. Los siquiatras y los sicólogos recalcan la profunda y práctica necesidad que tiene todo ser humano de conocerse a sí mismo y reconocer sus defectos de personalidad, y poder hablar de ellos con una persona comprensiva y de confianza. En cuanto a los alcohólicos, A.A. iría aun más lejos. La mayoría de nosotros diríamos que, sin admitir sin miedo nuestros defectos ante otro ser humano, no podríamos mantenernos sobrios. Parece bien claro que la gracia de Dios no entrará en nuestras vidas para expulsar nuestras obsesiones destructoras hasta que no estemos dispuestos a intentarlo.

¿Qué podemos esperar recibir del Quinto Paso? Entre otras cosas, nos libraremos de esa terrible sensación de aislamiento que siempre hemos tenido. Casi sin excepción, los alcohólicos están torturados por la soledad. Incluso antes de que nuestra forma de beber se agravara hasta tal punto que los demás se alejaran de nosotros, casi todos nosotros sufríamos de la sensación de no encajar en ninguna parte. O bien éramos tímidos y no nos atrevíamos a acercarnos a otros, o éramos propensos a ser muy extrovertidos, ansiando atenciones y camaradería, sin conseguirlas nunca—o al menos según nuestro parecer. Siempre había esa misteriosa barrera que no podíamos superar ni entender. Era como si fuéramos actores en escena que de pronto se dan cuenta de no poder recordar ni una línea de sus papeles. Esta es una de las razones por las que nos gustaba tanto el alcohol. Nos permitía improvisar. Pero incluso Baco se volvió en contra nuestra; acabamos derrotados y nos quedamos en aterradora soledad.

Cuando llegamos a A.A., y por primera vez en nuestras vidas nos encontramos entre personas que parecían comprendernos, la sensación de pertenecer fue tremendamente emocionante. Creíamos que el problema del aislamiento había sido resuelto. Pero pronto descubrimos que, aunque ya no estábamos aislados en el sentido social, todavía seguíamos sufriendo las viejas punzadas del angustioso aislamiento. Hasta que no hablamos con perfecta franqueza de nuestros conflictos y no escuchamos a otro hacer la misma cosa, seguíamos con la sensación de no pertenecer. En el Quinto Paso se encontraba la solución. Fue el principio de una auténtica relación con Dios y con nuestros prójimos.

Por medio de este Paso vital, empezamos a sentir que

podríamos ser perdonados, sin importar cuáles hubieran sido nuestros pensamientos o nuestros actos. Muchas veces, mientras practicábamos este Paso con la ayuda de nuestros padrinos o consejeros espirituales, por primera vez nos sentimos capaces de perdonar a otros, fuera cual fuera el daño que creíamos que nos habían causado. Nuestro inventario moral nos dejó convencidos de que lo deseable era el perdón general, pero hasta que no emprendimos resueltamente el Quinto Paso, no llegamos a *saber* en nuestro fuero interno que podríamos recibir el perdón y también concederlo.

Otro gran beneficio que podemos esperar del hecho de confiar nuestros defectos a otra persona es la humildad— una palabra que suele interpretarse mal. Para los que hemos hecho progresos en A.A., equivale a un reconocimiento claro de lo que somos y quiénes somos realmente, seguido de un esfuerzo sincero de llegar a ser lo que podemos ser. Por lo tanto, lo primero que debemos hacer para encaminarnos hacia la humildad es reconocer nuestros defectos. No podemos corregir ningún defecto si no lo vemos claramente. Pero vamos a tener que hacer algo más que *ver*. El examen objetivo de nosotros mismos que logramos hacer en el Cuarto Paso sólo era, después de todo, un examen. Por ejemplo, todos nosotros vimos que nos faltaba honradez y tolerancia, que a veces nos veíamos asediados por ataques de autoconmiseración y por delirios de grandeza. No obstante, aunque ésta era una experiencia humillante, no significaba forzosamente que hubiéramos logrado una medida de auténtica humildad. A pesar de haberlos reconocido, todavía teníamos estos defectos. Había que hacer algo al respecto. Y pronto nos dimos cuenta de que ni nuestros deseos ni nuestra voluntad servían, por sí solos, para superarlos.

El ser más realistas y, por lo tanto, más sinceros con respecto a nosotros mismos son los grandes beneficios de los que gozamos bajo la influencia del Quinto Paso. Al hacer nuestro inventario, empezamos a ver cuántos problemas nos había causado el autoengaño. Esto nos provocó una reflexión desconcertante. Si durante toda nuestra vida nos habíamos estado engañando a nosotros mismos, ¿cómo podíamos estar seguros ahora de no seguir haciéndolo? ¿Cómo podíamos estar seguros de haber hecho un verdadero catálogo de nuestros defectos y de haberlos reconocido sinceramente, incluso ante nosotros mismos? Puesto que seguíamos presas del miedo, de la autoconmiseración y de los sentimientos heridos, lo más probable era que no podríamos llegar a una justa apreciación de nuestro estado real. Un exceso de sentimientos de culpabilidad y de remordimientos podría conducirnos a dramatizar y exagerar nuestras deficiencias. O la ira y el orgullo herido podrían ser la cortina de humo tras la que ocultábamos algunos de nuestros defectos, mientras que culpábamos a otros por ellos. También era posible que todavía estuviéramos incapacitados por muchas debilidades, grandes y pequeñas, que ni siquiera sabíamos que tuviéramos.

Por lo tanto, nos parecía muy obvio que hacer un examen solitario de nosotros mismos, y reconocer nuestros defectos, basándonos únicamente en esto, no iba a ser suficiente. Tendríamos que contar con ayuda ajena para estar seguros de conocer y admitir la verdad acerca de nosotros mismos—la ayuda de Dios y de otro ser humano. Sólo al darnos a conocer totalmente y sin reservas, sólo al estar dispuestos a escuchar consejos y aceptar orientación, podríamos poner pie en el camino del recto pensamiento, de la rigurosa honradez, y de la auténtica humildad.

No obstante, muchos de nosotros seguíamos vacilando. Nos dijimos: "¿Por qué no nos puede indicar 'Dios como lo concebimos' dónde nos desviamos?" Si el Creador fue quien nos dio la vida, Él sabrá con todo detalle en dónde nos hemos equivocado. ¿Por qué no admitir nuestros defectos directamente ante Él? ¿Qué necesidad tenemos de mezclar a otra persona en este asunto?

En esta etapa, encontramos dos obstáculos en nuestro intento de tratar con Dios como es debido. Aunque al principio puede que nos quedemos asombrados al darnos cuenta de que Dios lo sabe todo respecto a nosotros, es probable que nos acostumbremos rápidamente a la idea. Por alguna razón, el estar a solas con Dios no parece ser tan embarazoso como sincerarnos ante otro ser humano. Hasta que no nos sentemos a hablar francamente de lo que por tanto tiempo hemos ocultado, nuestra disposición para poner nuestra casa en orden seguirá siendo un asunto teórico. El ser sinceros con otra persona nos confirma que hemos sido sinceros con nosotros mismos y con Dios.

El segundo obstáculo es el siguiente: es posible que lo que oigamos decir a Dios cuando estamos solos esté desvirtuado por nuestras propias racionalizaciones y fantasías. La ventaja de hablar con otra persona es que podemos escuchar sus comentarios y consejos inmediatos respecto a nuestra situación, y no cabrá la menor duda de cuáles son estos consejos. En cuestiones espirituales, es peligroso hacer las cosas a solas. Cuántas veces hemos oído a gente bien intencionada decir que habían recibido la orientación de Dios, cuando en realidad era muy obvio que estaban totalmente equivocados. Por falta de práctica y de humildad, se habían engañado a ellos mismos, y podían justificar las tonterías más disparatadas, manteniendo que esto era lo que Dios les había dicho. Vale la pena destacar que la gente que ha logrado un gran desarrollo espiritual casi siempre insisten en confirmar con amigos y consejeros espirituales la orientación que creen haber recibido de Dios. Claro está, entonces, que un principiante no debe exponerse al riesgo de cometer errores tontos y, tal vez, trágicos en este sentido. Aunque los comentarios y consejos de otras personas no tienen por qué ser infalibles, es probable que sean mucho más específicos que cualquier orientación directa que podamos recibir mientras tengamos tan poca experiencia en establecer contacto con un Poder superior a nosotros mismos.

Nuestro siguiente problema será descubrir a la persona en

quien vayamos a confiar. Esto lo debemos hacer con sumo cuidado, teniendo presente que la prudencia es una virtud muy preciada. Tal vez tendremos que comunicar a esta persona algunos hechos de nuestra vida que nadie más debe saber. Será conveniente que hablemos con una persona experimentada, que no sólo se ha mantenido sobria, sino que también ha podido superar graves dificultades. Dificultades, tal vez, parecidas a las nuestras. Puede suceder que esta persona sea nuestro padrino, pero no es necesario que sea así. Si has llegado a tener gran confianza en él, y su temperamento y sus problemas se parecen a los tuyos, entonces será una buena elección. Además, tu padrino ya tiene la ventaja de conocer algo de tu historia.

Sin embargo, puede ser que tu relación con él es de una naturaleza tal que sólo quieras revelarle una parte de tu historia. Si este es el caso, no vaciles en hacerlo, porque debes hacer un comienzo tan pronto como puedas. No obstante, puede resultar que elijas a otra persona a quien confiar las revelaciones más profundas y más difíciles. Puede ser que este individuo sea totalmente ajeno a A.A.—por ejemplo, tu confesor o tu pastor o tu médico. Para algunos de nosotros, una persona totalmente desconocida puede que sea lo mejor.

Lo realmente decisivo es tu buena disposición para confiar en otra persona y la total confianza que deposites en aquel con quien compartes tu primer inventario sincero y minucioso. Incluso después de haber encontrado a esa persona, muchas veces se requiere una gran resolución para acercarse a él o ella. Que nadie diga que el programa de A.A. no exige ninguna fuerza de voluntad; esta situación puede que requiera toda la que tengas. Afortunadamente, es muy probable que te encuentres con una sorpresa muy agradable. Cuando le hayas explicado cuidadosamente tu intención y el depositario de tu confianza vea lo verdaderamente útil que puede ser, les resultará fácil empezar la conversación, y pronto será muy animada. Es probable que la persona que te escucha no tarde mucho en contarte un par de historias acerca de él mismo, lo cual te hará sentirte aun más cómodo. Con tal que no ocultes nada, cada minuto que pase te irás sintiendo más aliviado. Las emociones que has tenido reprimidas durante tantos años salen a la luz y, una vez iluminadas, milagrosamente se desvanecen. Según van desapareciendo los dolores, los reemplaza una tranquilidad sanadora. Y cuando la humildad y la serenidad se combinan de esta manera, es probable que ocurra algo de gran significación. Muchos A.A., que una vez fueron agnósticos o ateos, nos dicen que en esta etapa del Quinto Paso sintieron por primera vez la presencia de Dios. E incluso aquellos que ya habían tenido fe, muchas veces logran tener un contacto consciente con Dios más profundo que nunca.

Esta sensación de unidad con Dios y con el hombre, este salir del aislamiento al compartir abierta y sinceramente la terrible carga de nuestro sentimiento de culpabilidad, nos lleva a un punto de reposo donde podemos prepararnos para dar los siguientes Pasos hacia una sobriedad completa y llena de significado.

Sexto Paso

"Estuvimos enteramente dispuestos a dejar que Dios nos liberase de todos estos defectos de carácter".

"ESTE es el Paso que separa los hombres de los niños". Así se expresa un clérigo muy querido nuestro que es uno de los mejores amigos de A.A. A continuación explica que cualquier persona que tenga suficiente buena voluntad y sinceridad para aplicar repetidamente el Sexto Paso a todos sus defectos de carácter—*sin reserva alguna*—ha llegado a alcanzar un gran desarrollo espiritual y, por lo tanto, merece que se le describa como un hombre que sinceramente intenta crecer a la imagen y semejanza de su Creador.

Naturalmente, la muy discutida pregunta de si Dios puede liberarnos de los defectos de carácter—y si, bajo ciertas condiciones, lo hará—tendrá una respuesta inmediata y rotundamente afirmativa por parte de casi todo miembro de A.A. Para nosotros, ésta no es una propuesta teórica; es la mayor realidad de nuestras vidas. Casi cualquier miembro ofrecerá como prueba una exposición como ésta:

"Sin duda, yo estaba vencido, totalmente derrotado. Mi fuerza de voluntad no me servía para nada frente al alcohol. Los cambios de ambiente, los mejores esfuerzos de mi familia, mis amigos, médicos, sacerdotes no tenían el menor efecto en mi alcoholismo. Simplemente, no podía dejar de beber, y no parecía que ningún ser humano pudiera conseguir que lo hiciera. Pero cuando llegué a estar dispuesto a poner mi casa en orden y luego pedí a un Poder Superior, Dios como yo Lo concebía, que me liberase de mi obsesión por beber, esa obsesión desapareció".

En reuniones de A.A. celebradas en todas partes del mundo, cada día se oyen contar experiencias como la anterior. Todo el mundo puede ver claramente que cada miembro sobrio de A.A. ha sido liberado de una obsesión obstinada y potencialmente mortal. Así que, en un sentido literal, todos los A.A. han "llegado a estar enteramente dispuestos" a dejar que Dios los liberase de la manía de beber alcohol. Y Dios ha hecho precisamente esto.

Habiendo tenido una completa liberación del alcoholismo, ¿por qué no podríamos lograr, por los mismos medios, la liberación absoluta de cualquier otra dificultad o defecto? Este es el enigma de nuestra existencia, cuya completa solución puede que exista sólo en la mente de Dios. No obstante, por lo menos podemos ver una parte de la solución.

Cuando un hombre o una mujer consumen tanto alcohol que destruyen su vida, hacen algo que va completamente "contra natura". Al desafiar su deseo instintivo de conservación, parecen estar empeñados en destruirse a sí mismos. Actúan en contra de su instinto más profundo. Conforme se ven humillados por los terribles latigazos que les da el alcohol, la gracia de Dios puede entrar en sus vidas y expulsar su obsesión. En esto su poderoso instinto de sobrevivir puede cooperar plenamente con el deseo de su Creador de darle una nueva vida. Porque tanto la naturaleza como Dios aborrecen el suicidio.

Pero la mayoría de nuestras demás dificultades no se pueden clasificar en esta categoría. Por ejemplo, cada persona normal quiere comer, reproducirse y llegar a ser alguien en la sociedad. Y desea gozar de un nivel razonable de seguridad mientras intenta alcanzar estas cosas. De hecho Dios le ha creado así. No creó al hombre para que se destruyera a sí mismo con el alcohol, sino que le dotó de instintos para ayudarle a mantenerse vivo.

No existe la menor evidencia, al menos en esta vida, de que nuestro Creador espere que eliminemos totalmente nuestros instintos naturales. Que sepamos nosotros, no hay ningún testimonio de que Dios haya quitado a cualquier ser humano todos sus instintos naturales.

Puesto que la mayoría de nosotros nacemos con una abundancia de deseos naturales, no es de extrañar que a menudo les dejemos que se conviertan en exigencias que sobrepasan sus propósitos originales. Cuando nos impulsan ciegamente, o cuando exigimos voluntariosamente que nos den más satisfacciones o placeres de los que nos corresponden, este es el punto en el que nos desviamos del grado de perfección que Dios desea que alcancemos en esta tierra. Esta es la medida de nuestros defectos de carácter o, si prefieres, de nuestros pecados.

Si se lo pedimos, Dios ciertamente nos perdonará nuestras negligencias. Pero nunca nos va a volver blancos como la nieve y mantenernos así sin nuestra cooperación. Nosotros mismos debemos estar dispuestos a hacer lo necesario para alcanzar esto. Dios solamente nos pide que nos esforcemos lo más que podamos para hacer progresos en la formación de nuestro carácter.

Por lo tanto, el Sexto Paso—"Estuvimos enteramente dispuestos a dejar que Dios nos liberase de nuestros defectos"—es la forma en que A.A. expone la mejor actitud posible que se puede tomar para dar un comienzo en este trabajo de toda la vida. No significa que esperemos ver desaparecer todos nuestros defectos de carácter como desapareció nuestra obsesión por beber. Puede que algunos desaparezcan, pero en cuanto a la mayoría de ellos, tendremos que contentarnos con una mejoría gradual. Las palabras claves "enteramente dispuestos" subrayan el hecho de que queremos aspirar lo mejor que conozcamos o que podemos llegar a conocer.

¿Cuántos de nosotros tenemos este grado de disponibilidad? En un sentido absoluto, casi nadie lo tiene. Lo mejor que podemos hacer, con toda la sinceridad que seamos capaces, es *tratar de* alcanzarlo. Aun entonces, los miembros más entregados y dedicados descubriremos, para nuestra consternación, que hay un punto en el que nos estancamos, un punto en el que decimos, "No, todavía no puedo renunciar a esto". Y a menudo vamos a pisar un terreno mucho más peligroso, cuando gritemos: "*¡Nunca* voy a renunciar a esto!" Tal es la capacidad para sobrepasarse que tienen nuestros instintos. Por mucho que hayamos progresado, siempre encontraremos deseos que se opongan a la gracia de Dios.

Puede que algunos que creen haber hecho buenos progresos quieran discutir este punto, así que vamos a pensarlo un poco más detenidamente. Casi toda persona desea liberarse de sus defectos más notorios y destructivos. Nadie quiere ser tan orgulloso como para que los demás le ridiculicen por ser un fanfarrón, ni tan avaricioso que se le acuse de ladrón. Nadie quiere que su ira le impulse a matar, ni que su lujuria le incite a violar, ni que su gula le lleve a arruinar su salud. Nadie quiere verse atormentado por el sufrimiento crónico de la envidia, ni paralizado por la pereza. Naturalmente, la mayoría de los seres humanos no sufren de estos defectos en un grado tan extremo.

Es probable que nosotros los que hemos escapado de estos extremos tendamos a felicitarnos. Pero, ¿debemos hacerlo? A fin y al cabo, ¿no ha sido el amor propio, puro y simple, el que nos ha hecho posible escapar? No se requiere mucho esfuerzo espiritual para evitar los excesos que siempre traen consigo un castigo inevitable. Pero cuando nos enfrentamos con los aspectos menos violentos de estos mismos defectos, *entonces*, ¿cuál es nuestra reacción?

Lo que tenemos que reconocer ahora es que algunos de nuestros defectos nos deleitan inmensamente. Realmente nos encantan. Por ejemplo ¿a quién no le gusta sentirse un poco superior a su prójimo, o incluso muy superior? ¿No es cierto que nos gusta disfrazar de ambición nuestra avaricia? Parece imposible pensar que a alguien le *guste* la lujuria. Pero, ¿cuántos hombres y mujeres hablan de amor con la boca, y creen en lo que dicen, para poder ocultar la lujuria en un rincón oscuro de su mente? E incluso dentro de los límites convencionales, muchas personas tienen que confesar que sus imaginarias excursiones sexuales suelen ir disfrazadas de sueños románticos.

La ira farisaica también puede ser muy agradable. De una manera perversa, incluso nos puede satisfacer el hecho de que mucha gente nos fastidia, porque nos produce una sensación reconfortante de superioridad. El chismorreo, emponzoñado con nuestra ira, una especie de asesinato cortés por calumnia, también tiene sus satisfacciones para nosotros. En este caso, no intentamos ayudar a los que criticamos; pretendemos proclamar nuestra propia rectitud.

Cuando la gula no llega al grado de arruinar nuestra salud, solemos darle un nombre más benigno; decimos que "disfrutamos de nuestro bienestar". Vivimos en un mundo carcomido por la envidia. En menor o mayor grado, les infecta a todos. De este defecto, debemos de sacar una clara, aunque deformada, satisfacción. Si no, ¿por qué íbamos a malgastar tanto tiempo en desear lo que no tenemos en lugar de trabajar por conseguirlo, o en buscar atributos que nunca tendremos y sentirnos airados al no encontrarlos, en lugar de ajustarnos a la realidad y aceptarla? Y cuántas veces no trabajamos con gran ahínco sin otro motivo más noble que el de rodearnos de seguridad y abandonarnos en la pereza más tarde—sólo que a esto lo llamamos "buena jubilación". Consideremos además nuestro talento para dejarlo todo para mañana, lo que no es sino una variedad de la pereza. Casi cualquier persona podría hacer una larga lista de defectos como éstos, y muy pocos de nosotros pensarían seriamente en abandonarlos, al menos hasta que nos causaran excesivo sufrimiento.

Claro que algunos puede que estén convencidos de estar verdaderamente dispuestos a que se les eliminen todos estos defectos. Pero incluso estas personas, si hacen una lista de defectos aun menos graves, se verán obligadas a admitir que prefieren quedarse con *algunos* de ellos. Por lo tanto, parece claro que pocos de nosotros podemos, rápida y fácilmente, llegar a estar dispuestos a aspirar a la perfección espiritual y moral; solemos contentarnos con la perfección suficiente para permitirnos salir del paso, según, naturalmente, nuestras diversas ideas personales de lo que significa salir del paso. Así que la diferencia entre los niños y los hombres es la diferencia entre aquel que se esfuerza por alcanzar un objetivo marcado por él mismo y aquel que aspira a alcanzar el objetivo perfecto que es el de Dios.

Muchos preguntarán enseguida, "¿Cómo *podemos* aceptar todas las implicaciones del Sexto Paso? Pues—¡esto es la perfección!" Esta parece ser una pregunta difícil de contestar, pero en la práctica no lo es. Solamente el Primer Paso, en el que admitimos sin reserva alguna que éramos impotentes ante el alcohol, se puede practicar con perfección absoluta. Los once Pasos restantes exponen ideales perfectos. Son metas que aspiramos alcanzar, y patrones con los que medimos nuestro progreso. Visto así, el Sexto Paso sigue siendo difícil, pero no imposible. La única cosa urgente es que comencemos y sigamos intentándolo.

Si esperamos poder valernos de este Paso para solucionar problemas distintos del alcohol, tendremos que hacer un nuevo intento para ampliar nuestra mente. Tendremos que levantar nuestra mirada hacia la perfección y estar dispuestos a encaminarnos en esa dirección. Poco importará lo vacilantes que caminemos. La única pregunta que tendremos que hacernos es, "¿Estamos dispuestos?"

Al repasar de nuevo aquellos defectos que aún no estamos dispuestos a abandonar, debemos derrumbar las barreras rígidas que nos hemos impuesto. Tal vez todavía nos veremos obligados a decir en algunos casos, "Aún no puedo abandonar esto...", pero nunca debemos decirnos, "¡*Jamás* abandonaré esto!"

Deshagámonos ahora de una posible trampa peligrosa que hemos dejado en el camino. Se sugiere que debemos llegar a estar dispuestos a aspirar a alcanzar la perfección. No obstante, se nos indica que alguna demora se nos puede perdonar. En la mente de un alcohólico, experto en la invención de excusas, la palabra "demora" puede adquirir un significado de futuro lejano. Puede decir, "¡Qué fácil! Claro que me voy a encaminar hacia la perfección, pero no veo por qué he de apresurarme. Tal vez puedo posponer indefinidamente el enfrentarme a algunos de mis problemas". Por supuesto, esto no servirá. Esta manera de engañarse a uno mismo tendrá que seguir el mismo camino que otras muchas justificaciones agradables. Como mínimo, tendremos que enfrentarnos a algunos de nuestros peores defectos de carácter, y ponernos a trabajar para eliminarlos tan pronto como podamos.

Al decir "¡Nunca, jamás!" cerramos nuestra mente a la gracia de Dios. La demora es peligrosa y la rebeldía puede significar la muerte. Este es el punto en el que abandonamos los objetivos limitados, y nos acercamos a la voluntad de Dios para con nosotros.

Séptimo Paso

"Humildemente le pedimos que nos liberase de nuestros defectos".

YA que este Paso se centra tanto en la humildad, debemos hacer una pausa para considerar lo que es la humildad y lo que su práctica puede significar para nosotros.

En verdad, el tratar de adquirir cada vez más humildad es el principio fundamental de cada uno de los Doce Pasos de A.A. Porque sin tener un cierto grado de humildad, ningún alcohólico se puede mantener sobrio. Además, casi todos los A.A. han descubierto que, a menos que cultiven esta preciada cualidad en un grado mucho mayor de lo que se requiere sólo para mantener la sobriedad, tendrán escasas posibilidades de conocer la verdadera felicidad. Sin ella, no pueden llevar una vida de mucha utilidad, ni, en la adversidad, pueden contar con la fe suficiente para responder a cualquier emergencia.

La humildad, como palabra y como ideal, no lo ha pasado muy bien en nuestro mundo. No solamente se entiende mal la idea, sino que también la palabra suscita a menudo una gran aversión. Muchas personas ni siquiera tienen la menor comprensión de la humildad como manera de vivir. Mucho de lo que oímos decir a la gente en nuestra vida diaria, y una buena parte de lo que leemos, destaca el orgullo que siente el ser humano por sus propios logros.

Con gran inteligencia, los científicos han venido forzando a la naturaleza a que revele sus secretos. Los inmensos recursos de los que ahora disponemos nos prometen una cantidad de bendiciones materiales tan grande que muchos han llegado a creer que nos encontramos en el umbral de una edad de oro, forjada por la mano del hombre. La pobreza desaparecerá, y habrá tal abundancia que todos disfrutaremos de toda la seguridad y todas las satisfacciones personales que deseemos. La teoría parece sostener que, una vez que queden satisfechos los instintos primordiales de todos los seres humanos, habrá muy poco motivo para pelearnos. El mundo entonces se volverá feliz y se verá libre para concentrarse en la cultura y el carácter. Sólo con su propia inteligencia y esfuerzos, la humanidad habrá forjado su destino.

Sin duda, ningún alcohólico y, desde luego, ningún miembro de A.A. quiere menospreciar los logros materiales. Ni discutimos con los muchos que todavía se aferran tan apasionadamente a la creencia de que la satisfacción de nuestros deseos naturales básicos es el objetivo primordial de la vida. Pero estamos *seguros* de que ninguna clase de gente de este mundo ha fracasado tan rotundamente al tratar de vivir conforme a esta fórmula como los alcohólicos. Hace miles de años que venimos exigiendo más de lo que nos corresponde de seguridad, de prestigio y de amor. Cuando parecía que teníamos éxito, bebíamos para tener sueños aun más grandiosos. Cuando nos sentíamos frustrados, aunque sólo fuera en parte, bebíamos para olvidar. Nunca había suficiente de lo que creíamos que queríamos.

En todos estos empeños, muchos de ellos bien intencionados, nuestro mayor impedimento había sido la falta de humildad. Nos faltaba la perspectiva suficiente para ver que la formación del carácter y los valores espirituales tenían que anteponerse a todo, y que las satisfacciones materiales no constituían el objetivo de la vida. De una manera muy característica, nos habíamos pasado de la raya confundiendo el fin con los medios. En vez de considerar la satisfacción de nuestros deseos materiales como el medio por el que podríamos vivir y funcionar como seres humanos, la habíamos considerado como la meta y el objetivo final de la vida.

Es cierto que la mayoría de nosotros creíamos deseable tener un buen carácter, pero el buen carácter evidentemente era algo que se necesitaba para seguir en el empeño de satisfacer nuestros deseos. Con una apropiada muestra de honradez y moralidad, tendríamos una mayor probabilidad de conseguir lo que realmente queríamos. Pero siempre que teníamos que escoger entre el carácter y la comodidad, la formación del carácter se perdió en el polvo que levantábamos al perseguir lo que creíamos era la felicidad. Muy rara vez considerábamos la formación del carácter como algo deseable en sí mismo, algo por lo que nos gustaría esforzarnos, sin importar que se satisficieran o no nuestras necesidades instintivas. Nunca se nos ocurrió basar nuestras vidas cotidianas en la honradez, la tolerancia y el verdadero amor a Dios y a nuestros semejantes.

Esta falta de arraigo a cualquier valor permanente, esta incapacidad de ver el verdadero objetivo de nuestra vida, producía en nosotros otro mal efecto. Mientras siguiéramos convencidos de poder vivir contando exclusivamente con nuestras propias fuerzas y nuestra propia inteligencia, nos era imposible tener una fe operante en un Poder Superior. Y esto era cierto aun cuando creíamos que Dios existía. Podíamos tener sinceras creencias religiosas que resultaban infructuosas porque nosotros mismos seguíamos tratando de hacer el papel de Dios. Mientras insistiéramos en poner en primer lugar nuestra propia independencia, la verdadera dependencia de un Poder Superior era totalmente impensable. Nos faltaba el ingrediente básico de toda humildad, el deseo de conocer y hacer la voluntad de Dios.

Para nosotros, el proceso de alcanzar una nueva perspectiva fue increíblemente doloroso. Sólo tras repetidas humillaciones nos vimos forzados a aprender algo respecto a la humildad. Sólo al llegar al fin de un largo camino, marcado por sucesivas desgracias y humillaciones, y por la arrolladora derrota final de nuestra confianza en nosotros mismos, empezamos a sentir la humildad como algo más que una condición de abyecta desesperación. A cada recién llegado a Alcohólicos Anónimos se le dice, y muy pronto llega a darse cuenta por sí mismo, que esta humilde admisión de impotencia ante el alcohol es su primer paso hacia la liberación de su dominio paralizador.

Es así como, por primera vez, vemos la necesidad de tener humildad. Pero esto no es sino un mero comienzo. La mayoría de nosotros tardamos mucho tiempo en librarnos completamente de nuestra aversión a la idea de ser humildes, en lograr tener una visión de la humildad como una conducta hacia la verdadera libertad del espíritu humano, en estar dispuestos a trabajar para conseguir la humildad como una cosa deseable en sí misma. No se puede dar una vuelta de 180 grados en un abrir y cerrar de ojos a toda una vida encaminada a satisfacer nuestros deseos egocéntricos. Al principio, la rebeldía pone trabas a cada paso que intentamos dar.

Cuando por fin admitimos sin reserva que somos impotentes ante el alcohol, es muy posible que demos un suspiro de alivio, diciendo, "Gracias a Dios, eso se acabó. Nunca tendré que volver a pasar por eso". Luego, y a menudo para nuestra gran consternación, llegamos a darnos cuenta de que sólo hemos atravesado la primera etapa del nuevo camino que andamos. Todavía espoleados por la pura necesidad, con desgana nos enfrentamos con aquellos graves defectos de carácter que originalmente nos convirtieron en bebedores problema, defectos que tenemos que intentar remediar para no volver a caer de nuevo en el alcoholismo. Queremos deshacernos de algunos de estos defectos, pero en algunos casos nos parece una tarea tan imposible que nos acobardamos ante ella. Y nos aferramos con una persistencia apasionada a otros defectos que perturban de igual manera nuestro equilibrio, porque todavía nos complacen mucho. ¿Cómo podemos armarnos de suficiente resolución y buena voluntad como para deshacernos de obsesiones y deseos tan abrumadores?

Pero de nuevo nos vemos impulsados a seguir, debido a la conclusión inevitable que sacamos de la experiencia de A.A. de que la única alternativa a intentar perseverar con determinación en el programa es la de caer al borde del camino. En esta etapa de nuestro progreso nos vemos fuertemente presionados para hacer lo debido, obligados a elegir entre los sufrimientos de intentarlo y los seguros castigos de no hacerlo. Estos primeros pasos en el camino los damos a regañadientes, pero los damos. Es posible que todavía no tengamos la humildad en muy alta estima, como una deseable virtud personal, pero, no obstante, nos damos cuenta de que es una ayuda necesaria para sobrevivir.

Pero al haber mirado algunos de estos defectos honradamente y sin pestañear, después de haberlos discutido con otra persona y al haber llegado a estar dispuestos a que nos sean eliminados, nuestras ideas referentes a la humildad empiezan a cobrar un sentido más amplio. En este punto es muy probable que hayamos obtenido una liberación, al menos parcial, de nuestros defectos más devastadores. Disfrutamos de momentos en los que sentimos algo parecido a una auténtica tranquilidad de espíritu. Para aquellos de nosotros que hemos conocido únicamente la agitación, la depresión y la ansiedad—en otras palabras, para todos nosotros—esta recién encontrada tranquilidad es un don de inestimable valor. Algo verdaderamente nuevo se ha hecho parte integrante de nuestras vidas. Si antes la humildad había significado para nosotros la abyecta humillación, ahora empieza a significar el ingrediente nutritivo que nos puede deparar la serenidad.

Esta percepción perfeccionada de la humildad desencadena otro cambio revolucionario en nuestra perspectiva. Se nos empiezan a abrir los ojos a los inmensos valores que provienen directamente del doloroso desinflamiento del ego. Hasta este punto, nos hemos dedicado mayormente a huir del dolor y de los problemas. Huíamos de ellos como quien huye de la peste. Jamás queríamos enfrentarnos a la realidad del sufrimiento. Nuestra solución siempre era la de valernos de la botella para escapar. La formación de carácter por medio del sufrimiento, puede que les sirviera a los santos, pero para nosotros no tenía ningún aliciente.

Entonces, en A.A., miramos alrededor nuestro y escuchamos. Y por todas partes veíamos los fracasos y los sufrimientos transformados por la humildad en bienes inapreciables. Oíamos contar historia tras historia de cómo la humildad había sacado fuerzas de la debilidad. En todo caso, el sufrimiento había sido el precio de entrada en una nueva vida. Pero este precio de entrada nos había comprado más de lo que esperábamos. Traía consigo cierto grado de humildad, la cual, pronto descubrimos, aliviaba el sufrimiento. Empezamos a temerle menos al sufrimiento y a desear la humildad más que nunca.

Durante este proceso de aprender más acerca de la humildad, el resultado más profundo era el cambio de nuestra actitud para con Dios. Y esto era cierto, ya fuéramos creyentes o no. Empezamos a abandonar la idea de que el Poder Superior fuera una especie de sustituto mediocre a quien recurrir únicamente en emergencias. La idea de que seguiríamos llevando nuestras propias vidas, con una ayudita de Dios de vez en cuando, empezaba a desaparecer. Muchos de los que nos habíamos considerado religiosos, nos dimos repentina cuenta de lo limitada que era esta actitud. Al negarnos a colocar a Dios en primer lugar, nos habíamos privado de Su ayuda. Pero ahora las palabras "Por mí mismo nada soy, el Padre hace las obras" empezaban a cobrar un significado muy prometedor.

Vimos que no siempre era necesario que fuéramos humillados y doblegados para alcanzar la humildad. El sufrimiento incesante no era la única forma de alcanzarla, nos podía llegar igualmente por estar bien dispuestos a buscarla. Ocurrió un viraje decisivo en nuestras vidas cuando nos pusimos a conseguir la humildad como algo que realmente queríamos, y no como algo que *debíamos* tener. Marcó el momento en que pudimos empezar a ver todas las implicaciones del Séptimo Paso: "Humildemente Le pedimos que nos liberase de nuestros defectos".

Al prepararnos para dar el Séptimo Paso, puede que valga la pena volver a preguntarnos cuáles son nuestros objetivos más profundos. A cada uno de nosotros le gustaría vivir en paz consigo mismo y con sus semejantes. Nos gustaría que se nos diera la seguridad de que la gracia de Dios puede hacer por nosotros aquello que no podemos hacer por nosotros mismos. Hemos observado que los defectos de carácter que se originan en deseos indignos y miopes son los obstáculos que bloquean nuestro camino hacia estos objetivos. Ahora vemos con claridad que hemos impuesto exigencias poco razonables en nosotros mismos, en otras personas, y en Dios.

El principal activador de nuestros defectos ha sido el miedo egocéntrico—sobre todo el miedo de que perderíamos algo que ya poseíamos o que no conseguiríamos algo que exigíamos. Por vivir a base de exigencias insatisfechas, nos encontrábamos en un estado de constante perturbación y frustración. Por lo tanto, no nos sería posible alcanzar la paz hasta que no encontráramos la manera de reducir estas exigencias. La diferencia entre una exigencia y una sencilla petición está clara para cualquiera.

En el Séptimo Paso efectuamos el cambio de actitud que nos permite, guiados por la humildad, salir de nosotros mismos hacia los demás y hacia Dios. El Séptimo Paso pone todo su énfasis en la humildad. En realidad, nos dice que ahora debemos estar dispuestos a intentar conseguir, por medio de la humildad, la eliminación de nuestros defectos, al igual que hicimos cuando admitimos que éramos impotentes ante el alcohol y llegamos a creer que un Poder superior a nosotros mismos podría devolvernos el sano juicio. Si ese grado de humildad podía hacernos posible encontrar la gracia suficiente para desterrar tan mortal obsesión, entonces cabe esperar los mismos resultados respecto a cualquier problema que podamos tener.

Octavo Paso

"Hicimos una lista de todas aquellas personas a quienes habíamos ofendido y estuvimos dispuestos a reparar el daño que les causamos".

EL Octavo y el Noveno Paso tienen que ver con las relaciones personales. Primero, echamos una mirada a nuestro pasado e intentamos descubrir en donde hicimos algún mal; segundo, hacemos un enérgico esfuerzo para reparar el daño que hemos causado; y tercero, habiendo limpiado así los escombros del pasado, nos ponemos a considerar cómo trabar, con nuestro recién adquirido conocimiento de nosotros mismos, las mejores relaciones posibles con todos los seres humanos que conozcamos.

¡Menuda tarea! Tal vez la podemos hacer con creciente destreza, sin jamás acabarla. Aprender a vivir con un máximo de paz, cooperación y compañerismo con todo hombre y mujer, sean quienes sean, es una aventura conmovedora y fascinante. Cada miembro de A.A. se ha dado cuenta de que no puede hacer casi ningún progreso en esta aventura hasta que no se vuelva atrás para repasar, minuciosa y despiadadamente, los desechos humanos que ha dejado en su trayectoria. Hasta cierto grado, ya lo ha hecho al hacer su inventario moral, pero ahora ha llegado el momento de redoblar sus esfuerzos para ver a cuántas personas ha lastimado y de qué manera. El volver a abrir estas heridas emocionales, algunas viejas, otras tal vez olvidadas, y otras más todavía supurando dolorosamente, podrá parecernos al principio una intervención quirúrgica innecesaria e inútil. Pero si se comienza con buena voluntad, las grandes ventajas de hacerlo se manifestarán con tal rapidez que el dolor se irá atenuando conforme se vaya desvaneciendo un obstáculo tras otro.

No obstante, estos obstáculos son sin duda realidades. El primero, y uno de los más difíciles de superar, tiene que ver con el perdón. En cuanto empezamos a pensar en una relación rota o retorcida con otra persona, nos ponemos emocionalmente a la defensiva. Para evitar mirar los daños que hemos causado a otra persona, nos enfocamos con resentimiento en el mal que nos ha hecho. Nos resulta aun más fácil hacerlo si, en realidad, esta persona no siempre se ha comportado bien. Triunfantes, nos aferramos a su mala conducta, convirtiéndola en el pretexto ideal para minimizar o ignorar nuestra propia mala conducta.

En este preciso instante tenemos que echar el freno. No tiene mucho sentido que seamos nosotros quienes tiremos la primera piedra. Recordemos que los alcohólicos no son los únicos aquejados de emociones enfermas. Además, por lo general, es un hecho innegable que nuestro comportamiento cuando bebíamos ha agravado los defectos de otras personas. Repetidamente hemos agotado la paciencia de nuestros más íntimos amigos, y hemos despertado lo peor en aquellos que nunca nos tenían en muy alta estima. En muchos casos, estamos en realidad tratando con compañeros de sufrimiento, gente cuyos dolores hemos aumentado. Si ahora nos encontramos a punto de pedir el perdón para nosotros mismos, ¿por qué no empezar perdonándolos a todos ellos?

Al hacer la lista de las personas a quienes hemos ofendido, la mayoría de nosotros nos tropezamos con otro obstáculo sólido. Sufrimos un tremendo impacto cuando nos dimos cuenta de que nos estábamos preparando para admitir nuestra mala conducta cara a cara ante aquellos a quienes habíamos perjudicado. Ya nos habíamos sentido suficientemente avergonzados cuando en confianza habíamos admitido estas cosas ante Dios, ante nosotros mismos y ante otro ser humano. Pero la idea de ir a visitar o incluso escribir a la gente afectada nos abrumaba, sobre todo al recordar el mal concepto que tenían de nosotros la mayoría de estas personas. También había casos en los que habíamos perjudicado a otras personas que seguían viviendo tan felices sin tener la menor idea del daño que les habíamos causado. ¿Por qué, protestamos, no decir "lo pasado, pasado"? ¿Por qué tenemos que ponernos a pensar en esa gente? Estas eran algunas de las formas en las que el temor conspiraba con el orgullo para impedir que hiciéramos una lista de *todas* las personas que habíamos perjudicado.

Algunos de nosotros nos encontramos con otro obstáculo muy distinto. Nos aferrábamos a la idea de que los únicos perjudicados por nuestra forma de beber éramos nosotros. Nuestras familias no se vieron perjudicadas porque siempre pagamos las cuentas y casi nunca bebíamos en casa. Nuestros compañeros de trabajo no se vieron perjudicados porque solíamos presentarnos a trabajar. Nuestras reputaciones no se vieron perjudicadas, porque estábamos seguros de que muy poca gente se había fijado en nuestros excesos con la bebida. Y los que sí se habían fijado, nos tranquilizaban diciendo que una alegre juerga no era sino el pecadillo de un hombre recto. Por lo tanto, ¿qué daño real habíamos causado? Sin duda, poco más de lo que podríamos remediar fácilmente con algunas disculpas hechas de paso.

Esta actitud, por supuesto, es el producto final de un esfuerzo deliberado para olvidar. Es una actitud que sólo se puede cambiar por medio de un análisis profundo y sincero de nuestros motivos y nuestras acciones.

Aunque en algunos casos no nos es posible hacer ninguna enmienda, y en otros casos es aconsejable aplazarlas, debemos, no obstante, hacer un repaso minucioso y realmente exhaustivo de nuestra vida pasada para ver cómo ha afectado a otras personas. En muchos casos veremos que, aunque el daño causado a otros no ha sido muy serio, el daño emocional que nos hemos hecho a nosotros mismos ha sido enorme. Los conflictos emocionales, muy profundos, y a veces totalmente olvidados, persisten de forma desapercibida en el subconsciente. Estos conflictos, al originarse, puede que hayan retorcido nuestras emociones tan violentamente que, desde entonces, han dejado manchadas nuestras personalidades y han trastornado nuestras vidas.

Aunque el propósito de hacer enmiendas a otros es de suma importancia, es igualmente necesario que saquemos del repaso de nuestras relaciones personales la más detallada información posible acerca de nosotros mismos y de nuestras dificultades fundamentales. Ya que las relaciones defectuosas con otros seres humanos casi siempre han sido la causa inmediata de nuestros sufrimientos, incluyendo nuestro alcoholismo, no hay otro campo de investigación que pueda ofrecernos recompensas más gratificadoras y valiosas que éste. Una reflexión seria y serena sobre nuestras relaciones personales puede ampliar nuestra capacidad de comprendernos. Podemos ver mucho más allá de nuestros fallos superficiales para descubrir aquellos defectos que eran fundamentales, defectos que, a veces, han sentado la pauta de nuestras vidas. Hemos visto que la minuciosidad tiene sus recompensas—grandes recompensas.

La siguiente pregunta que nos podemos hacer es qué queremos decir cuando hablamos de haber causado "daño" a otras personas. ¿Qué tipos de "daños" puede causar una persona a otra? Para definir la palabra "daño" de una manera práctica, podemos decir que es el resultado de un choque de los instintos que le causa a alguien un perjuicio físico, mental, emocional o espiritual. Si asiduamente tenemos mal genio, despertamos la ira en otros. Si mentimos o engañamos, no sólo privamos a otros de sus bienes materiales, sino también de su seguridad emocional y de su tranquilidad de espíritu. En realidad, les estamos invitando a que se conviertan en seres desdeñosos y vengativos. Si nos comportamos de forma egoísta en nuestra conducta sexual, es posible que provoquemos los celos, la angustia y un fuerte deseo de devolver con la misma moneda.

Estas afrentas tan descaradas no constituyen ni mucho menos una lista completa de los daños que podemos causar. Consideremos algunas de las más sutiles que a veces pueden ser tan dañinas. Supongamos que somos tacaños, irresponsables, insensibles o fríos con nuestras familias. Supongamos que somos irritables, criticones, impacientes y sin ningún sentido del humor. Supongamos que colmamos de atenciones a un miembro de la familia y descuidamos a los demás. ¿Qué sucede cuando intentamos dominar a toda la familia, ya sea con mano de hierro o inundándoles con un sinfín de indicaciones minuciosas acerca de cómo deben vivir sus vidas de hora en hora? ¿Qué sucede cuando nos sumimos en la depresión, rezumando autocompasión por cada poro, e imponemos nuestras aflicciones en todos los que nos rodean? Tal lista de daños causados a otra gente—daños que hacen que la convivencia con nosotros como alcohólicos activos sea difícil y a menudo inaguantable—puede alargarse casi indefinidamente. Cuando llevamos estos rasgos de personalidad al taller, a la oficina o a cualquier otra actividad social, pueden causar daños casi tan grandes como los que hemos causado en casa.

Una vez que hemos examinado cuidadosamente toda esta esfera de las relaciones humanas y hemos determinado exactamente cuáles eran los rasgos de nuestra personalidad que perjudicaban o molestaban a otra gente, podemos empezar a registrar nuestra memoria en busca de las personas a quienes hemos ofendido. No nos debe resultar muy difícil identificar a los más allegados y más profundamente perjudicados. Entonces, a medida que repasamos nuestras vidas año tras año hasta donde nuestra memoria nos permita llegar, inevitablemente saldrá una lista larga de personas que, de alguna u otra manera, hayan sido afectadas. Debemos, por supuesto, considerar y sopesar cada caso cuidadosamente.

Nuestro objetivo debe limitarse a admitir las cosas que *nosotros* hemos hecho y, al mismo tiempo, perdonar los agravios, reales o imaginarios, que se nos han hecho. Debemos evitar las críticas extremadas, tanto de nosotros como de los demás. No debemos exagerar nuestros defectos ni los suyos. Un enfoque sereno e imparcial será nuestra meta constante.

Si al ir a apuntar un nombre en la lista nuestro lápiz empieza a titubear, podemos cobrar fuerzas y ánimo recordando lo que ha significado para otros la experiencia de A.A. en este Paso. Es el principio del fin de nuestro aislamiento de Dios y de nuestros semejantes.

Noveno Paso

"Reparamos directamente a cuantos nos fue posible el daño causado, excepto cuando el hacerlo implicaba perjuicio para ellos o para otros".

BUEN juicio, capacidad para escoger el momento oportuno, valor y prudencia—estas son las cualidades que necesitaremos al dar el Noveno Paso.

Después de hacer una lista de las personas a quienes hemos perjudicado, haber reflexionado cuidadosamente sobre cada caso, y haber intentado adoptar la actitud adecuada para proceder, veremos que las personas a las que hemos de hacer reparaciones directas se clasifican en diversas categorías. A algunas nos debemos dirigir tan pronto como nos sintamos razonablemente seguros de poder mantener nuestra sobriedad. A otras, no podremos hacer sino enmiendas parciales, ya que una plena revelación les podría hacer a ellos o a otras personas más mal que bien. En otros casos, será aconsejable dejar pasar un tiempo antes de hacer reparaciones, y en otros más, por la misma naturaleza de la situación, nunca nos será posible ponernos en contacto directo con las personas.

La mayoría de nosotros empezamos a hacer ciertas enmiendas directas desde el día que nos unimos a Alcohólicos Anónimos. En el momento en que decimos a nuestras familias que de verdad vamos a intentar practicar el programa, se inicia el proceso. En esta esfera, rara vez hay dudas en cuanto a escoger el momento oportuno o andar con cautela.

Queremos entrar por la puerta anunciando a gritos las buenas nuevas. Al regresar de nuestra primera reunión o tal vez después de leer el libro "Alcohólicos Anónimos", normalmente tenemos ganas de sentarnos con algún miembro de la familia dispuestos a admitir los daños que hemos causado por nuestra forma de beber. Casi siempre queremos hacer más: queremos admitir otros defectos que han hecho difícil convivir con nosotros. Esta será una situación nueva, muy diferente de aquellas mañanas de resaca cuando de un momento a otro pasábamos de despreciarnos a nosotros mismos a culpar a la familia (y a todo el mundo) por nuestros problemas. En este primer intento, sólo es necesario que admitamos nuestros defectos de una forma general. En esta etapa puede ser poco sensato sacar a relucir ciertos episodios angustiosos. El buen juicio nos sugerirá que andemos a paso mesurado. Aunque estemos completamente dispuestos a confesar lo peor, tenemos que recordar que no podemos comprar nuestra tranquilidad de espíritu a expensas ajenas.

Se puede aplicar un enfoque muy parecido en la oficina o en la fábrica. En seguida pensaremos en algunas personas que están bien enteradas de nuestra forma de beber y que se han visto más afectadas. Pero incluso en estos casos, puede que nos convenga ser más discretos de lo que fuimos con nuestra familia. Tal vez debamos esperar algunas semanas o más antes de decir nada. Primero debemos sentirnos bastante seguros de habernos enganchado bien al programa de A.A. Entonces estamos en condiciones de dirigirnos a esta gente, decirle lo que A.A. es y lo que estamos intentando hacer. En este contexto, podemos admitir sin reservas los daños que hemos hecho y pedir disculpas. Podemos pagar o prometer pagar cualesquier deudas, económicas o de otra índole, que tengamos. La bondadosa reacción que tiene la mayoría de la gente ante esta sinceridad humilde muchas veces nos asombrará. Incluso aquellos que nos han criticado más severamente, y con razón, frecuentemente se muestran bastante razonables la primera vez que les abordamos.

Es posible que este ambiente de aprobación y alabanza tenga un efecto tan estimulante que nos haga perder el equilibrio produciendo en nosotros un apetito insaciable de más palmadas y elogios. O podemos ir al otro extremo cuando, en raras ocasiones, nos dan una recepción fría o escéptica. Puede que nos sintamos tentados a discutir o insistir obstinadamente, o tal vez caemos en el desánimo y el pesimismo. Pero si nos hemos preparado bien de antemano, estas reacciones no nos desviarán de nuestro firme y equilibrado propósito.

Después de esta prueba preliminar de hacer enmiendas, puede que nos sintamos tan aliviados que creamos haber terminado nuestra tarea. Querremos dormirnos en nuestros laureles. Puede que nos sintamos fuertemente tentados a evitar los encuentros más humillantes y aterradores que todavía nos quedan. A menudo fabricaremos excusas persuasivas con el fin de esquivar estas cuestiones. O puede que lo dejemos para mañana, diciéndonos que todavía no ha llegado la hora propicia, aunque en realidad ya hemos pasado por alto muchas buenas oportunidades de remediar una grave injuria. No hablemos de prudencia mientras sigamos valiéndonos de evasivas.

En cuanto nos sintamos seguros de nuestra nueva forma de vida y, con nuestro comportamiento y ejemplo, hayamos empezado a convencer a los que nos rodean de que de verdad estamos mejorando, normalmente podemos hablar sin temor y con completa franqueza con aquellos que han sido gravemente afectados, incluso con aquellos que apenas se dan cuenta de lo que les hemos hecho. Las únicas excepciones serán los casos en que nuestra revelación pueda causar auténtico daño. Podemos iniciar estas conversaciones de una manera natural y casual. Pero si no se presenta la oportunidad, en algún momento querremos armarnos de valor, dirigirnos a la persona en cuestión, y poner nuestras cartas boca arriba. No tenemos que sumirnos en remordimientos excesivos ante aquellos a quienes hemos perjudicado, pero a estas alturas las enmiendas deben ser francas y generosas.

Sólo puede haber una única consideración que frene nuestro deseo de hacer una revelación total del daño que hemos hecho. Esta se presentará en las raras ocasiones en las que el hacerlo supondría causar un grave daño a la persona a quien queremos hacer enmiendas. O—de igual importancia—a otras personas. Por ejemplo, no podemos contar con todo detalle nuestras aventuras amorosas a nuestros confiados cónyuges. E incluso en los casos en que es necesario hablar de tales asuntos, intentemos evitar que terceras personas, sean quienes sean, salgan perjudicadas. No aligeramos nuestra carga cuando inconsideradamente hacemos más pesada la cruz de otros.

Pueden surgir muchas preguntas peliagudas en otros aspectos de la vida en los que entra en juego este mismo principio. Por ejemplo, supongamos que nos hemos bebido una buena parte del dinero de nuestra compañía, ya sea que lo hubiéramos "tomado prestado", o hubiéramos inflado excesivamente los gastos de representación. Supongamos que, si no decimos nada, nadie se va a dar cuenta. ¿Confesamos inmediatamente nuestras irregularidades a nuestra compañía ante la certeza de un despido instantáneo y la perspectiva de no poder conseguir otro trabajo? ¿Vamos a ser tan rígidos respecto a las enmiendas que no nos importe lo que le pueda pasar a nuestra familia y a nuestro hogar? O, ¿debemos consultar primero con aquellos que se van a ver gravemente afectados? ¿Exponemos la situación a nuestro padrino o consejero espiritual, pidiendo ardientemente la ayuda y la orientación de Dios—y resolviéndonos a hacer lo debido cuando sepamos con certeza cómo proceder, cueste lo que cueste? Naturalmente, no hay una contestación adecuada para resolver todos estos dilemas. Pero todos ellos requieren que estemos enteramente dispuestos a hacer enmiendas tan pronto y hasta donde nos sea posible, según sean las circunstancias.

Sobre todo, debemos intentar estar completamente seguros de que no lo estamos retrasando porque tenemos miedo. Porque el verdadero espíritu del Noveno Paso es la disposición a aceptar todas las consecuencias de nuestras acciones pasadas y, al mismo tiempo, asumir responsabilidad por el bienestar de los demás.

Décimo Paso

*"Continuamos haciendo nuestro inventario
personal y cuando nos equivocábamos lo ad-
mitíamos inmediatamente".*

SEGÚN vamos trabajando en los primeros nueve Pasos,
nos estamos preparando para la aventura de una nueva
vida. Pero al acercarnos al Décimo Paso, empezamos a hacer un uso práctico de nuestra manera de vivir de A.A., día
tras día, en cualquier circunstancia. Entonces, nos vemos
enfrentados con la prueba decisiva: ¿podemos mantenernos
sobrios, mantener nuestro equilibrio emocional, y vivir una
vida útil y fructífera, sean cuales sean nuestras circunstancias?

Para nosotros lo necesario es hacer un examen constante de nuestros puntos fuertes y débiles, y tener un sincero
deseo de aprender y crecer por este medio. Los alcohólicos hemos aprendido esta lección por la dura experiencia.
Claro está que, en todas las épocas y en todas partes del
mundo, personas más experimentadas que nosotros se han
sometido a una autocrítica rigurosa. Los sabios siempre
han reconocido que nadie puede esperar hacer mucho en la
vida, hasta que el autoexamen no se convierta en costumbre, hasta que no reconozca y acepte lo que allí encuentra,
y hasta que no se ponga, paciente y persistentemente, a
corregir sus defectos.

Un borracho que tiene una resaca fatal por haber bebido en exceso el día anterior, hoy no puede vivir bien. Pero
hay otro tipo de resaca que todos sufrimos ya sea que be-

bamos o no. Es la resaca emocional, la consecuencia directa de los excesos emocionales negativos de ayer y, a veces,
de hoy—ira, miedo, celos, y similares. Si hemos de vivir
serenamente hoy y mañana, sin duda tenemos que eliminar estas resacas. Esto no significa que tengamos que hacer
un morboso recorrido por nuestro pasado. Nos requiere
que admitamos y corrijamos nuestros errores *ahora*. Nuestro inventario nos hace posible reconciliarnos con nuestro
pasado. Al hacer esto, realmente podemos dejarlo atrás.
Cuando hemos hecho un minucioso inventario y estamos
en paz con nosotros mismos, nos viene la convicción de
que podremos afrontar las dificultades futuras conforme
se nos vayan presentando.

Aunque todos los inventarios se parecen en principio, el
factor tiempo es lo que distingue el uno del otro. Existe el
inventario "instantáneo", que se puede hacer a cualquier
hora del día, cuando vemos que nos estamos liando. Hay
otro que hacemos al final del día, cuando repasamos los
sucesos de las últimas horas. En éste, hacemos una especie
de balance, apuntando en la columna positiva las cosas que
hemos hecho bien, y en la negativa los errores que hemos
cometido. Hay también ocasiones en las que solos, o en
compañía de nuestro padrino o consejero espiritual, hacemos un detallado repaso de nuestros progresos desde la última vez. Muchos A.A. acostumbran a hacer una limpieza
general una o dos veces al año. A muchos de nosotros nos
gusta retirarnos del mundanal ruido para tranquilizarnos
y dedicar uno o dos días a meditar y revisar nuestras vidas.

¿No parecen estas costumbres tan aburridas como pesa-
das? ¿Tenemos los A.A. que dedicar la mayor parte del día
a repasar lóbregamente nuestros pecados y descuidos? No
lo creo. Se ha dado un énfasis tan marcado al inventario
solamente porque muchos de nosotros nunca nos hemos
acostumbrado a examinarnos rigurosa e imparcialmente.
Una vez adquirido este sano hábito, nos resultará tan inte-
resante y provechoso que el tiempo que dediquemos a ha-

cerlo no nos podrá parecer perdido. Porque estos minutos o, a veces horas, que pasamos haciendo nuestro autoexamen tienen que hacer que las demás horas del día sean más gratas y felices. Y, con el tiempo, nuestros inventarios dejan de ser algo inusitado o extraño, y acaban convirtiéndose en una parte integrante de nuestra vida cotidiana.

Antes de entrar en detalles en cuanto al inventario "instantáneo", consideremos las circunstancias en las que un inventario de esta índole puede sernos de utilidad.

Considerado desde un punto de vista espiritual, es axiomático que cada vez que nos sentimos trastornados, sea cual sea la causa, hay algo que anda mal en *nosotros*. Si alguien nos ofende y nos enfadamos, también nosotros andamos mal. Pero, ¿no hay ninguna excepción a esta regla? ¿Y la ira "justificada"? Si alguien nos engaña, ¿no tenemos derecho a enfadarnos? ¿Acaso no podemos sentirnos justificadamente airados con la gente hipócrita? Para nosotros los A.A., éstas son excepciones peligrosas. Hemos llegado a darnos cuenta de que la ira justificada debe dejarse a gente mejor capacitada que nosotros para manejarla.

Poca gente ha sufrido más a causa de los resentimientos que nosotros los alcohólicos. Y poco ha importado que fueran o no resentimientos justificados. Un arranque de mal genio nos podía estropear un día entero, y algún rencor cuidadosamente mimado podía convertirnos en seres inútiles. Y tampoco nos hemos mostrado muy diestros en distinguir entre la ira justificada y la no justificada. Según lo veíamos nosotros, nuestra rabia siempre era justificada. La ira, ese lujo ocasional de la gente más equilibrada, podía lanzarnos a borracheras emocionales de duración indefinida. Estas "borracheras secas" a menudo nos llevaban directamente a la botella. Y otros trastornos emocionales—los celos, la envidia, la lástima de nosotros mismos, y el orgullo herido—solían tener los mismos efectos.

Un inventario instantáneo, si lo hacemos en medio de una perturbación parecida, puede contribuir mucho a apaciguar nuestras emociones borrascosas. Nuestros inventarios instantáneos se aplican principalmente a las circunstancias que surgen imprevistas en el vivir diario. Es aconsejable, cuando sea posible, posponer la consideración de nuestras dificultades crónicas y más arraigadas para un tiempo que tenemos específicamente reservado para este fin. El inventario rápido nos sirve para enfrentarnos a los altibajos cotidianos, en particular esas ocasiones en las que otras personas o acontecimientos inesperados nos hacen perder el equilibrio y nos tientan a cometer errores.

En todas estas situaciones tenemos que ejercer un dominio de nosotros mismos, hacer un análisis honrado de todo lo que entra en juego, y, cuando la culpa es nuestra, estar dispuestos a admitirlo y, cuando no lo es, igualmente dispuestos a perdonar. No tenemos por qué sentirnos descorazonados si recaemos en los errores de nuestras viejas costumbres. No es fácil practicar esta disciplina. No vamos a aspirar a la perfección, sino al progreso.

Nuestro primer objetivo será adquirir dominio de nosotros mismos. Esto tiene la más alta prioridad. Cuando hablamos o actuamos de forma apresurada o precipitada, vemos desvanecerse en ese mismo momento nuestra capacidad de ser justos o tolerantes. El simple hecho de soltarle a alguien una andanada o lanzarle una crítica irreflexiva y obstinada puede desbaratar nuestras relaciones con otra persona durante todo ese día o, tal vez, durante todo el año. No hay nada que nos recompense más que la moderación en lo que decimos y escribimos. Tenemos que evitar las condenas irascibles y las discusiones arrebatadas e imperiosas. Tampoco nos conviene andar malhumoradamente resentidos o silenciosamente desdeñosos. Estas son trampas emocionales, y los cebos son el orgullo y la venganza. Tenemos que evitar estas trampas. Al sentirnos tentados a tragar el anzuelo, debemos acostumbrarnos a hacer una pausa para recapacitar. Porque no podemos pensar ni actuar con buenos resultados hasta que el hábito de ejercer un dominio de nosotros mismos no haya llegado a ser automático.

Las situaciones desagradables o imprevistas no son las únicas que exigen el dominio de uno mismo. Tendremos que proceder con la misma cautela cuando empecemos a lograr un cierto grado de importancia o éxito material. Porque a nadie le han encantado más que a nosotros los triunfos personales. Nos hemos bebido el éxito como si fuera un vino que siempre nos alegraría. Si disfrutábamos de una racha de buena suerte, nos entregábamos a la fantasía, soñando con victorias aun más grandes sobre la gente y las circunstancias. Así cegados por una soberbia confianza en nosotros mismos, éramos propensos a dárnoslas de personajes. Por supuesto que la gente, herida o aburrida, nos volvía la espalda.

Ahora que somos miembros de A.A. y estamos sobrios y vamos recobrando la estima de nuestros amigos y colegas, nos damos cuenta de que todavía nos es necesario ejercer una vigilancia especial. Para asegurarnos contra un ataque de soberbia, podemos frenarnos recordando que estamos sobrios hoy sólo por la gracia de Dios, y que cualquier éxito que tengamos se debe más a Él que a nosotros mismos.

Finalmente, empezamos a darnos cuenta de que todos los seres humanos, al igual que nosotros, están hasta algún grado enfermos emocionalmente, así como frecuentemente equivocados y, al reconocer esto, nos aproximamos a la auténtica tolerancia y vemos el verdadero significado del amor genuino para con nuestros semejantes. Conforme progresemos en nuestro camino, nos parecerá cada vez más evidente lo poco sensato que es enfadarnos o sentirnos lastimados por personas que, como nosotros, están sufriendo los dolores de crecimiento.

Tardaremos algún tiempo, y quizás mucho tiempo, en notar un cambio tan radical en nuestra perspectiva. Poca gente puede afirmar con toda sinceridad que ama a todo el mundo. La mayoría de nosotros tenemos que confesar que sólo hemos amado a unas cuantas personas; que la mayor parte de la gente nos era indiferente, siempre y cuando no nos molestaran a nosotros; y, en cuanto al resto, pues, les hemos tenido aversión o les hemos odiado. Aunque estas actitudes son bastante comunes, los A.A. tenemos que encontrar otra mucho mejor para poder mantener nuestro equilibrio. Si odiamos profundamente, acabamos desequilibrados. La idea de que podamos amar posesivamente a unas cuantas personas, ignorar a la mayoría y seguir temiendo u odiando a cualquier persona, tiene que abandonarse, aunque sea gradualmente.

Podemos intentar dejar de imponer exigencias poco razonables en nuestros seres queridos. Podemos mostrar bondad donde nunca la habíamos mostrado. Con aquellos que no nos gustan, podemos empezar a comportarnos con justicia y cortesía, tal vez haciendo un esfuerzo especial para comprenderles y ayudarles.

Cada vez que fallemos a cualquiera de estas personas, podemos admitirlo inmediatamente—siempre ante nosotros mismos, y también ante la persona en cuestión, si el hacerlo tendría algún efecto provechoso. En la cortesía, la bondad, la justicia y el amor, se encuentra la clave para establecer una relación armoniosa con casi cualquier persona. Si tenemos alguna duda, podemos hacer una pausa y decirnos, "Que no se haga mi voluntad, sino la Tuya". Y con frecuencia podemos preguntarnos a nosotros mismos, "¿Estoy actuando con los demás como yo quisiera que ellos actuaran conmigo—en este día de hoy?"

Cuando llega la noche, tal vez justo antes de acostarnos, muchos de nosotros hacemos un pequeño balance del día. Este es un momento oportuno para recordar que el inventario no nos sirve únicamente para apuntar nuestros errores. Rara vez pasa un día en que no hayamos hecho *nada* bien. En realidad, las horas del día normalmente están repletas de cosas constructivas. Al repasarlas, veremos reveladas nuestras buenas intenciones, buenas razones, y buenas obras. Incluso cuando nos hemos esforzado y hemos fracasado, debemos anotarlo como un punto muy importante a nuestro favor. Bajo estas condiciones, el dolor de un fracaso se convierte en un valor positivo. De ese dolor recibimos el estímulo para seguir adelante. Alguien que sabía de lo que hablaba comentó una vez que el dolor era la piedra de toque de todo progreso espiritual. Los A.A. estamos completamente de acuerdo con él, porque sabemos que tuvimos que pasar por los dolores que nos traía la bebida antes de lograr la sobriedad, y tuvimos que sufrir los trastornos emocionales antes de conocer la serenidad.

Al repasar la columna negativa de nuestro balance diario, debemos examinar con gran cuidado nuestros motivos en cada acción o pensamiento que nos parece estar equivocado. En la mayoría de los casos, no nos resulta difícil ver y entender nuestros motivos. Cuando nos sentíamos soberbios, airados, celosos, nerviosos o temerosos, simplemente actuábamos conforme con nuestras emociones. En estos casos, sólo hace falta reconocer que actuamos o pensamos de manera equivocada, imaginar cuál hubiera sido la manera correcta, y comprometernos, con la ayuda de Dios, a aplicar estas lecciones de hoy al día de mañana y, por supuesto, hacer las enmiendas correspondientes que aún no hayamos hecho.

Pero en otros casos únicamente el examen más cuidadoso nos revelará nuestros verdaderos motivos. Habrá casos en que nuestra vieja enemiga, la autojustificación, haya intervenido para defender algo que, en realidad, estaba equivocado. Aquí nos sentimos tentados a convencernos que teníamos buenos motivos y razones cuando de hecho no ha sido así.

Hemos "criticado constructivamente" a alguien porque lo merecía y necesitaba, pero nuestro verdadero motivo era el de vencerle en una vana disputa. O, si la persona en cuestión no estaba presente, creíamos que estábamos ayudando a los demás a comprenderle, cuando en realidad nuestro motivo era el de rebajarle para así sentirnos superiores a él. A veces, herimos a nuestros seres queridos porque les hace falta que alguien "les dé una lección", cuando de hecho, queremos castigarles. A veces, sintiéndonos deprimidos, nos quejamos de lo mal que lo estamos pasando, cuando en realidad, queremos que la gente fije en nosotros su atención y que exprese su compasión para con nosotros. Esta extraña peculiaridad de la mente y de las emociones, este perverso deseo de ocultar un motivo malo por debajo de otro bueno, se ve en todos los asuntos humanos de toda índole. Esta clase de hipocresía sutil y solapada puede ser el motivo oculto de la acción o pensamiento más insignificante. Aprender, día tras día, a identificar, reconocer y corregir estos defectos constituye la esencia de la formación del carácter y del buen vivir. Un arrepentimiento sincero por los daños que hemos causado, una gratitud genuina por las bendiciones que hemos recibido, y una buena disposición para intentar hacer las cosas mejor en el futuro serán los bienes duraderos que buscaremos.

Después de haber repasado el día así, sin omitir lo que hemos hecho bien, y al haber examinado nuestros corazones sin temor o complacencia, podemos sinceramente dar gracias a Dios por las bendiciones que hemos recibido y dormir con la conciencia tranquila.

Undécimo Paso

"Buscamos a través de la oración y la medi tación mejorar nuestro contacto consciente con Dios, <u>como nosotros lo concebimos</u>, pidiéndole solamente que nos dejase conocer su voluntad para con nosotros y nos diese la fortaleza para cumplirla".

LA oración y la meditación son nuestros medios principales de contacto consciente con Dios.

Los A.A. somos gente activa que disfrutamos de las satisfacciones de enfrentarnos a las realidades de la vida, normalmente por primera vez, y que vigorosamente tratamos de ayudar al próximo alcohólico que llega. Así que no es de extrañar que a veces tengamos una tendencia a menospreciar la oración y la meditación, considerándolas como cosas que no son realmente necesarias. Creemos, sin duda, que son cosas que nos pueden ayudar a responder a algún problema urgente, pero al principio muchos de nosotros somos propensos a considerar la oración como una especie de misteriosa maniobra de los clérigos, de la cual podemos esperar sacar algún beneficio de segunda mano. O quizás ni siquiera creemos en estas cosas.

A algunos de nuestros recién llegados, así como a los agnósticos de antaño que tenazmente siguen considerando al grupo de A.A. como su poder superior, la poderosa eficacia de la oración les puede parecer poco convincente o totalmente inaceptable, a pesar de toda la lógica y la cantidad de experiencia que la atestigua. Aquellos de nosotros

que una vez compartíamos estos sentimientos, podemos
entender y comprenderlos. Recordamos muy bien ese algo
que, desde las profundidades de nuestro ser, seguía rebelán-
dose contra la idea de someternos a cualquier Dios. Además, muchos de nosotros nos valíamos de una lógica muy
contundente que "probaba" que no existía ningún Dios.
¿Cómo se explicaban todos los accidentes, enfermedades,
crueldades e injusticias del mundo? ¿Cómo se explicaban
todas aquellas vidas infelices que eran la consecuencia directa de un nacimiento desgraciado o de las vicisitudes incontrolables de las circunstancias? Estábamos convencidos
de que, en un mundo tan caprichoso, la justicia no podía
existir y, por lo tanto, tampoco podía existir Dios.

A veces, recurríamos a otras tácticas. "Vale", nos decía-
mos, "es probable que la gallina existiera antes que el huevo". Sin duda, el universo tuvo alguna especie de "primera
causa", el Dios del Atomo, quizá, oscilando entre el frío
y el calor. Pero no había evidencia alguna de la existencia de ningún Dios que conociera a los seres humanos o
que se interesara en la humanidad. Sí, nos gustaba A.A., y
no vacilábamos en decir que A.A. había obrado milagros.
Pero nos resistíamos a probar la meditación y la oración,
tan obstinadamente como el científico que se niega a hacer
un experimento por temor a que sus resultados refutaran
su teoría predilecta. Claro está que acabamos haciendo el
experimento y, cuando obtuvimos resultados inesperados,
cambiamos de opinión; de hecho, cambiamos de convicción. Así nos vimos firmemente convencidos de la eficacia
de la meditación y la oración. Y hemos descubierto que
lo mismo puede ocurrirle a cualquiera que lo pruebe. Con
mucha razón se ha dicho, "casi los únicos que se burlan de
la oración son aquellos que nunca han rezado con suficiente asiduidad".

A aquellos de nosotros que nos hemos acostumbrado
a valernos asiduamente de la oración, el tratar de desen-
volvernos sin rezar nos parecería tan poco sensato como

privarnos del aire, de la comida o de la luz del sol. Y por la misma razón. Cuando nos privamos del aire, de la comida, o de la luz del sol, el cuerpo sufre. Y de la misma manera, cuando nos negamos a rezar y a meditar, privamos a nuestras mentes, a nuestras emociones y a nuestras intuiciones de un apoyo vital y necesario. Así como el cuerpo puede fallar en sus funciones por falta de alimento, también puede fallar el alma. Todos tenemos necesidad de la luz de la realidad de Dios, del alimento de su fortaleza y del ambiente de su gracia. Las realidades de la vida de A.A. confirman esta verdad eterna de una manera asombrosa.

Existe un encadenamiento directo entre el examen de conciencia, la meditación, y la oración. Cada una de estas prácticas por sí sola puede producir un gran alivio y grandes beneficios. Pero cuando se entrelazan y se interrelacionan de una manera lógica, el resultado es una base firme para toda la vida. Puede que, de vez en cuando, se nos conceda vislumbrar aquella realidad perfecta que es el reino de Dios. Y tendremos el consuelo y el aval de que nuestro destino individual en ese reino quedará asegurado mientras intentemos, por vacilantes que sean nuestros pasos, conocer y hacer la voluntad de nuestro Creador.

Como ya hemos visto, nos valemos del autoexamen para iluminar el lado oscuro de nuestra naturaleza con una nueva visión, acción y gracia. Es un paso que dimos hacia el cultivo de esta clase de humildad que nos hace posible recibir la ayuda de Dios. Pero no es más que un solo paso. Vamos a querer ir más lejos.

Querremos que crezca y florezca lo bueno que hay en todos nosotros, incluso en los peores de nosotros. Sin duda necesitaremos aire fresco y comida en abundancia. Pero sobre todo querremos la luz del sol; hay poco que pueda crecer en la oscuridad. La meditación es nuestro paso hacia el sol. ¿Cómo, entonces, hemos de meditar?

A lo largo de los siglos la experiencia concreta de la meditación y la oración ha sido, por supuesto, inmensa. Las bibliotecas y los templos del mundo constituyen una rica fuente de tesoros por descubrir para todo aquel que busque. Es de esperar que todo A.A. que haya tenido una formación religiosa que valora la meditación vuelva a practicarla con mayor devoción que nunca. Pero, ¿qué vamos a hacer el resto de nosotros, menos afortunados, que ni siquiera sabemos cómo empezar?

Bueno, podríamos empezar de la siguiente manera. Busquemos, primero, una buena oración. No tendremos que buscar muy lejos; los grandes hombres y mujeres de todas las religiones nos han legado una maravillosa colección. Vamos a considerar aquí una que se cuenta entre las clásicas.

Su autor era un hombre que desde hace ya varios siglos ha sido considerado como un santo. No vamos a dejar que este hecho nos cause ningún prejuicio ni ningún temor, porque, aunque no era alcohólico, también tuvo que pasar, al igual que nosotros, por unos grandes sufrimientos emocionales. Y al salir de estas dolorosas experiencias, expresó con la siguiente oración lo que entonces podía ver, sentir, y desear:

"Dios, hazme un instrumento de tu Paz—que donde haya odio, siembre amor—donde haya injuria, perdón—donde haya discordia, armonía—donde haya error, verdad—donde haya duda, fe—donde haya desesperación, esperanza—donde haya sombras, luz—donde haya tristeza, alegría. Dios, concédeme que busque no ser consolado, sino consolar—no ser comprendido, sino comprender—no ser amado, sino amar. Porque olvidándome de mí mismo, me encuentro; perdonando, se me perdona; muriendo en Ti, nazco a la Vida Eterna. Amen".

Ya que somos principiantes en la meditación, puede ser conveniente que volvamos a leer esta oración varias veces muy lentamente, saboreando cada palabra e intentando absorber el significado profundo de cada frase e idea. Nos vendrá aun mejor si podemos entregarnos sin resistencia alguna a lo expresado por nuestro amigo. Porque en la meditación, no hay lugar para el debate. Descansamos tranquilamente con los pensamientos de alguien que sabe, a fin de poder experimentar y aprender.

Como si estuviéramos tumbados en una playa soleada, serenémonos y respiremos profundamente el ambiente espiritual que, por la gracia de esta oración, nos rodea. Dispongámonos a sentir y a ser fortalecidos y elevados por la gran belleza, amor y poder espiritual expresados por estas magníficas palabras. Dirijamos ahora nuestra mirada al mar y contemplemos su misterio; y levantemos los ojos al lejano horizonte más allá del cual buscaremos todas aquellas maravillas que aún no hemos visto.

"Venga, hombre", dice alguien. "Vaya tonterías. No es nada práctico".

Al vernos acosados por tales pensamientos, nos valdría recordar, con cierto pesar, el enorme valor que solíamos dar a nuestra imaginación cuando intentaba fabricarnos una realidad basada en la botella. Sí, nos deleitábamos con esta forma de pensar, ¿verdad? Y aunque ahora nos encontramos sobrios, ¿no es cierto que a menudo intentamos hacer algo parecido? Tal vez nuestro problema no era que utilizáramos nuestra imaginación. Tal vez el problema real era nuestra casi total incapacidad para encaminar nuestra imaginación hacia unos objetivos apropiados. La imaginación constructiva no tiene nada de malo; todo logro seguro y deseable se basa en ella. A fin de cuentas, nadie puede construir una casa hasta que no haya concebido un plan para hacerla. Bueno, la meditación también es así. Nos ayuda a concebir nuestro objetivo espiritual antes de que empecemos a avanzar para conseguirlo. Así que regresemos a aquella soleada playa—o, si prefieres, a las llanuras o las montañas.

Cuando, por tales simples medios, hayamos alcanzado un estado de ánimo que nos permite enfocarnos quietamente en la imaginación constructiva, podemos proceder de la siguiente manera:

Volvemos a leer nuestra oración y nuevamente intenta-

mos apreciar la esencia de su significado. Nos pondremos a
pensar en el hombre que originalmente la rezó. Ante todo,
quería convertirse en un "instrumento". Luego, pidió la gracia para llevar el amor, el perdón, la armonía, la verdad, la
fe, la esperanza, la luz y la alegría a todos cuantos pudiera.

A continuación expresó una aspiración y una esperanza
para él mismo. Esperaba que Dios le permitiera también
a él encontrar algunos de estos tesoros. Esto lo intentaría
hacer "olvidándose de sí mismo". ¿Qué quería decir esto
de "olvidarse a sí mismo"? Y, ¿cómo se propuso realizarlo?

Le parecía mejor consolar que ser consolado; comprender que ser comprendido; perdonar que ser perdonado.

Esto podría ser un fragmento de lo que se llama la meditación, tal vez nuestro primer intento de alcanzar cierto
estado de ánimo, nuestro primer corto vuelo de reconocimiento, por así decirlo, en el reino del espíritu. Después
de hacerlo, nos convendría estudiar detenidamente nuestra situación actual e imaginar lo que podría sucedernos
en nuestra vida si pudiéramos acercarnos aun más al ideal
que hemos intentado vislumbrar. La meditación es algo
que siempre puede perfeccionarse. No tiene límites, ni de
altura ni de amplitud. Aunque aprovechamos las enseñan-
zas y los ejemplos que podamos encontrar, la meditación
es, en su esencia, una aventura individual, y cada uno de
nosotros la practica a su manera. No obstante, siempre tiene un solo objetivo: mejorar nuestro contacto consciente
con Dios, con su gracia, su sabiduría y su amor. Y tengamos siempre presente que la meditación es, en realidad, de
un gran valor práctico. Uno de sus primeros frutos es el
equilibrio emocional. Valiéndonos de la meditación, podemos ampliar y profundizar el conducto entre nosotros y
Dios, como cada cual Lo conciba.

Consideremos ahora la oración. Orar es levantar el
corazón y la mente hacia Dios—y en este sentido la oración incluye la meditación. ¿Cómo hemos de hacerlo? Y,
¿qué relación tiene con la meditación? Según se entiende

comúnmente, la oración es una petición a Dios. Al haber abierto nuestro conducto como mejor podamos, intentamos pedir aquellas cosas justas de las que nosotros y los demás tenemos la más urgente necesidad. Y creemos que la gama completa de nuestras necesidades queda bien definida en aquella parte del Undécimo Paso que dice: "… que nos dejase conocer su voluntad para con nosotros y nos diese la fortaleza para cumplirla". Una petición así es apropiada a cualquier hora del día.

Por la mañana, pensamos en las horas que vendrán. Tal vez pensemos en el trabajo que nos espera y las ocasiones que tendremos de ser serviciales o de utilidad, o en algún problema particular que se nos pueda presentar. Es posible que hoy nos veamos nuevamente enfrentados con un grave problema de ayer que no pudimos solucionar. La tentación inmediata será la de pedir soluciones específicas a problemas específicos, así como la capacidad para ayudar a otra gente de acuerdo con nuestro concepto de cómo se debe hacer. En este caso, estamos pidiendo a Dios que obre a nuestra manera. Por lo tanto, debemos considerar cada petición cuidadosamente para poder apreciarla según sus verdaderos méritos. Aun así, al hacer cualquier petición específica, nos convendrá añadir las palabras: "…si esa es Tu voluntad". Simplemente pedimos a Dios que, a lo largo del día, nos ayude a conocer, lo mejor que podamos, su voluntad para aquel día y que nos conceda la gracia suficiente para cumplirla.

A medida que transcurre el día, al vernos enfrentados con algún problema o con una decisión que tomar, será conveniente que hagamos una pausa y renovemos la sencilla petición: "Hágase Tu voluntad, no la mía". Si en estos momentos ocurre que nuestros trastornos emocionales son muy grandes, es mucho más probable que mantengamos nuestro equilibrio si recordamos y volvemos a recitar alguna oración o alguna frase que nos haya atraído especialmente en nuestras lecturas o meditaciones. En los momentos de tensión, el mero hecho de repetirla una y otra vez a

menudo nos hará posible desatascar un conducto bloqueado por la ira, el miedo, la frustración o los malentendidos,
y volver a acudir a la ayuda más segura de todas—nuestra
búsqueda de la voluntad de Dios, y no la nuestra. En estos
momentos críticos, si nos recordamos a nosotros mismos
que "es mejor consolar que ser consolados, comprender
que ser comprendidos, amar que ser amados", estaremos
conformes con la intención del Undécimo Paso.

Es razonable y comprensible que a menudo se haga la
pregunta: "*¿Por qué* no podemos presentarle a Dios un dilema específico e inquietante y, en nuestras oraciones, obtener
de Él una respuesta segura y definitiva a nuestra petición?"

Esto se puede hacer, pero lleva consigo algunos riesgos.
Hemos visto a muchos A.A. pedir a Dios, con gran sinceridad y fe, que les dé Su orientación expresa referente a
asuntos que abarcan desde una arrolladora crisis doméstica o financiera hasta cómo corregir algún pequeño defecto,
como la falta de puntualidad. No obstante, muy a menudo
las ideas que parecen venir de Dios no son soluciones en
absoluto. Resultan ser autoengaños inconscientes, aunque
bien intencionados. El miembro de A.A., y de hecho cualquier persona, que intenta dirigir su vida rígidamente por
medio de esta clase de oración, esta exigencia egoísta de
que Dios le responda, es un individuo especialmente desconcertante. Cuando se pone en duda o se critica cualquiera de sus acciones, inmediatamente las justifica citando
su dependencia de la oración para obtener orientación en
todo asunto, grande o pequeño. Puede haber descartado
la posibilidad de que sus propias fantasías y la tendencia
humana a inventar justificaciones hayan distorsionado esa
supuesta orientación. Con su mejor intención, tiende a imponer su propia voluntad en toda clase de situaciones y
problemas, con la cómoda seguridad de que está actuando
bajo la dirección específica de Dios. Bajo tal engaño, puede, por supuesto, provocar un montón de problemas sin
tener la menor intención de hacerlo.

También caemos en otra tentación parecida. Nos formamos ideas sobre lo que nos parece ser la voluntad de Dios para con otras personas. Nos decimos, "Este debería ser curado de su enfermedad mortal", o "Aquel debería ser aliviado de sus sufrimientos emocionales", y rezamos por estas cosas específicas. Naturalmente, estas oraciones son fundamentalmente actos de buena voluntad, pero a menudo se basan en la suposición de que conocemos la voluntad de Dios para con la persona por la que rezamos. Esto significa que una oración sincera puede que vaya acompañada de cierta cantidad de presunción y vanidad. La experiencia de A.A. indica que especialmente en estos casos debemos rezar para que la voluntad de Dios, sea cual sea, se haga tanto para los demás como para nosotros mismos.

En A.A. hemos llegado a reconocer como indudables los resultados positivos y concretos de la oración. Lo sabemos por experiencia. Todo aquel que haya persistido en rezar ha encontrado una fuerza con la que normalmente no podía contar. Ha encontrado una sabiduría más allá de su acostumbrada capacidad. Y ha encontrado, cada vez más, una tranquilidad de espíritu que no le abandona ante las circunstancias más difíciles.

Descubrimos que la orientación divina nos llega en la medida en que dejemos de exigirle a Dios que nos la conceda a nuestra demanda y según las condiciones que imponemos. Casi todo miembro experimentado de A.A. te puede contar cómo ha mejorado su vida de forma asombrosa e inesperada a medida que él iba intentando mejorar su contacto consciente con Dios. También te dirá que toda época de aflicción y sufrimiento, cuando la mano de Dios le parecía pesada e incluso injusta, ha resultado ser una ocasión de aprender nuevas lecciones para la vida, de descubrir nuevas fuentes de valor, y que, última e inevitablemente, le llegó la convicción de que, al obrar sus milagros, "los caminos de Dios sí son inescrutables".

A todo aquel que se niegue a rezar porque no cree en

su eficacia, o porque se siente despojado de la ayuda y la orientación de Dios, estas noticias deben serle muy alentadoras. Todos nosotros, sin excepción, pasamos por temporadas en las que sólo podemos rezar mediante un inmenso esfuerzo de voluntad. Hay momentos en los que ni siquiera esto nos sirve. Nos sobrecoge una rebeldía tan corrosiva que simplemente rehusamos rezar. Cuando nos ocurren estas cosas, no debemos juzgarnos despiadadamente. Debemos simplemente reanudar la oración tan pronto como podamos, haciendo así lo que sabemos que nos va bien.

Tal vez una de las recompensas más grandes de la meditación y la oración es la sensación de pertenecer que nos sobreviene. Ya no vivimos en un mundo totalmente hostil. Ya no somos personas perdidas, atemorizadas e irresolutas. En cuanto siquiera vislumbramos la voluntad de Dios, en cuanto empezamos a ver que la verdad, la justicia y el amor son las cosas reales y eternas de la vida, ya no nos sentimos tan perplejos y desconcertados por toda la aparente evidencia de lo contrario que nos rodea en nuestros asuntos puramente humanos. Sabemos que Dios nos cuida amorosamente. Sabemos que cuando acudimos a Él, todo irá bien con nosotros, aquí y en el más allá.

Duodécimo Paso

"Habiendo obtenido un despertar espiritual como resultado de estos pasos, tratamos de llevar el mensaje a otros alcohólicos y de practicar estos principios en todos nuestros asuntos".

LA alegría de vivir es el tema del Duodécimo Paso de A.A. y su palabra clave es acción. En este Paso salimos de nosotros mismos y nos dirigimos a nuestros compañeros alcohólicos que todavía sufren. Tenemos la experiencia de dar sin esperar ninguna recompensa. Empezamos a practicar todos los Doce Pasos del programa en nuestras vidas diarias, para que nosotros y todos aquellos a nuestro alrededor podamos encontrar la sobriedad emocional. Cuando se aprecian todas las implicaciones del Paso Doce, se ve que, en realidad, nos habla de la clase de amor al que no se puede poner precio.

Nuestro Paso Doce también nos dice que, como resultado de practicar todos los Pasos, cada uno de nosotros ha experimentado algo que se llama un despertar espiritual. A los nuevos miembros de A.A., este asunto les parece bastante dudoso por no decir increíble. Preguntan "¿Qué quieres decir con esto de un 'despertar espiritual'?"

Puede que haya tantas definiciones del despertar espiritual como personas que lo han experimentado. No obstante, es indudable que todos los que sean auténticos tienen algo en común. Y lo que tienen en común no es muy difícil de entender. Para un hombre o mujer que ha experimentado un despertar espiritual, el significado más importante que tiene es que ahora puede hacer, sentir y creer aquello que antes, con sus propios recursos y sin ayuda, no podía hacer. Se le ha concedido un don que le produce un nuevo estado de conciencia y una nueva forma de ser. Se encuentra en un camino que le indica que le llevará a un destino seguro, que la vida no es un callejón sin salida, ni algo que habrá de soportar o dominar. Ha sido realmente transformado, porque se ha aferrado a una fuente de fortaleza de la que antes, de una u otra forma, se había privado. Se da cuenta de que ha adquirido un grado de honradez, tolerancia, generosidad, paz de espíritu y amor que antes le parecía inalcanzable. Lo que ha recibido, se le ha dado gratis; sin embargo, por lo general, se ha preparado, al menos en parte, para recibirlo.

En A.A., la forma de prepararse para recibir este don radica en la práctica de los Doce Pasos de nuestro programa. Por lo tanto, vamos a considerar brevemente lo que hemos estado intentando hacer hasta este punto:

El Primer Paso nos enseñó una paradoja asombrosa: Descubrimos que éramos totalmente incapaces de librarnos de la obsesión alcohólica mientras no admitiéramos que éramos impotentes ante al alcohol. En el Segundo Paso vimos que, ya que no podíamos recuperar por nosotros mismos el sano juicio, algún Poder Superior forzosamente tendría que devolvérnoslo, si habíamos de sobrevivir. Por consiguiente, en el Tercer Paso entregamos nuestras voluntades y nuestras vidas al cuidado de Dios, tal como cada cual Lo concibiera. Los que éramos ateos o agnósticos descubrimos que, provisionalmente, nuestro grupo o A.A. como un todo, nos podía servir de poder superior. Con el Cuarto Paso, comenzamos a intentar identificar en nosotros mismos las cosas que nos habían llevado a la bancarrota física, moral y espiritual. Hicimos, sin miedo, un minucioso inventario moral. Al considerar el Quinto Paso, llegamos a la conclusión de que un inventarío, hecho a solas, no sería suficiente. Supimos que tendríamos que abandonar la costumbre mortal de vivir a

solas con nuestros conflictos y, con toda sinceridad, confe-
sárselos a Dios y a otro ser humano. Muchos de nosotros
nos resistimos a dar el Sexto Paso—por el simple motivo
práctico de no querer que se nos eliminasen todos nuestros
defectos de carácter porque todavía nos sentíamos encanta-
dos con algunos de ellos. No obstante, nos dimos cuenta de
que tendríamos que ajustarnos de alguna forma al principio
fundamental del Sexto Paso. Por consiguiente, decidimos
que, aunque todavía teníamos algunos defectos de carácter
a los que no queríamos renunciar, no obstante, debíamos
dejar de aferrarnos a ellos de una forma obstinada y rebelde.
Nos dijimos a nosotros mismos, "Tal vez esto no lo puedo
hacer hoy, pero puedo dejar de gritar, '¡No, nunca!'" Luego,
en el Séptimo Paso, pedimos humildemente a Dios, que eli-
minase nuestros defectos según Le conviniera y de acuerdo
con las condiciones del día en que se lo pedimos. En el Octavo Paso, seguíamos poniendo nuestras casas en orden, porque nos dábamos cuenta de que estábamos en conflicto no
solamente con nosotros mismos, sino también con la gente
y las circunstancias del mundo en que vivíamos. Teníamos
que hacer las paces y, por lo tanto, hicimos una lista de las
personas a quienes habíamos causado daño y llegamos a estar dispuestos a hacer enmiendas. Consecuentemente, en el
Noveno Paso nos pusimos a hacer las enmiendas directamente a las personas afectadas, excepto cuando el hacerlo
pudiera perjudicar a ellos o a otras personas. Llegados al
Décimo Paso, ya habíamos sentado las bases para nuestra
vida diaria, y nos dimos cuenta claramente de que tendríamos que seguir haciendo nuestro inventario personal y que
cuando nos equivocáramos, deberíamos admitirlo inmediatamente. En el Undécimo Paso, vimos que, si un Poder Superior nos había devuelto el sano juicio y nos había hecho
posible vivir con alguna tranquilidad de espíritu en un mundo gravemente trastornado, valdría la pena conocerle mejor,
por el contacto más directo que nos fuera posible. Descubrimos que el uso asiduo de la meditación y la oración nos iba

abriendo un más amplio conducto, de tal forma que donde antes discurría un arroyuelo ahora fluía un río que nos llevaba a la orientación y al poder seguros de Dios a medida que aumentaba nuestra capacidad para entenderlo.

Así que, practicando estos Pasos, acabamos por experimentar un despertar espiritual y la realidad de esta experiencia nos era indudable. Al observar a los que sólo habían dado un comienzo y todavía dudaban de sí mismos, el resto de nosotros podíamos ver amanecer la transformación. Basándonos en multitud de experiencias similares, nos era posible predecir que el incrédulo que seguía protestando que no captaba el "aspecto espiritual" y que todavía consideraba a su querido grupo de A.A. como el poder superior, tardaría poco en amar a Dios y en llamarle por su nombre.

Contemplemos ahora el resto del Paso Doce. La maravillosa energía que libera y la ávida acción con la que lleva nuestro mensaje al alcohólico que aún sufre, y que acaba por convertir los Doce Pasos en acción en todos los asuntos de nuestra vida, es el gran beneficio, la realidad magnífica, de Alcohólicos Anónimos.

Incluso el miembro más recién llegado, cuando se esfuerza por ayudar a su hermano alcohólico que anda aun más ciego que él, encuentra recompensas inimaginables. Esta es, de verdad, la dádiva que no exige nada a cambio. El no espera que su compañero de fatigas le pague, ni siquiera que lo ame. Luego, se da cuenta de que, por medio de esta paradoja divina, al dar así, sin esperar nada, ha encontrado su propia recompensa, ya sea que su hermano haya recibido algo o no. Aunque tenga todavía algunos defectos de carácter muy graves, de una u otra manera, sabe que Dios le ha capacitado para dar un gran comienzo, y le llena la sensación de haber llegado al umbral de nuevos misterios, alegrías y experiencias con los que nunca jamás había soñado.

Casi todo miembro de A.A. te dirá que no hay satisfacción más profunda ni alegría mayor que la entrañada por un trabajo de Paso Doce bien hecho. Ver cómo se abren maravillados los ojos de hombres y mujeres a medida que pasan de la oscuridad a la luz, ver cómo sus vidas se llenan rápidamente de una nueva significación y determinación, ver a familias enteras reunidas, ver cómo el alcohólico rechazado por la sociedad vuelve a integrarse en su comunidad como ciudadano de pleno derecho y, sobre todo, ver a esta gente despertarse ante la presencia de un Dios amoroso en sus vidas—estas cosas son la esencia de lo que recibimos cuando llevamos el mensaje de A.A. a otro alcohólico.

Pero ésta no es la única forma de trabajo de Paso Doce. Asistimos a las reuniones de A.A. y escuchamos, no solamente para recibir algo, sino también para dar el consuelo y el apoyo que nuestra presencia puede significar para otros. Si nos toca a nosotros hablar en una reunión, de nuevo tratamos de llevar el mensaje de A.A. Ya sea que tengamos uno o muchos oyentes, sigue siendo un trabajo de Paso Doce. Incluso para aquellos de nosotros que nos sentimos incapaces de hablar en las reuniones o que nos encontramos en lugares donde no podemos hacer personal e individualmente mucho trabajo de Paso Doce, hay numerosas oportunidades. Podemos ser aquellos que se encargan de hacer las tareas poco espectaculares pero importantes que facilitan hacer un buen trabajo de Paso Doce, tal vez preparando el café y los refrescos que se sirven después de las reuniones; en este ambiente de risas y conversaciones, muchos principiantes escépticos y recelosos se han sentido fortalecidos y reconfortados. Este es trabajo de Paso Doce en el mejor sentido de la palabra. "Libremente hemos recibido, libremente debemos dar…" es la esencia de este aspecto del Paso Doce.

Puede que a menudo pasemos por experiencias de Paso Doce en las que temporalmente parece que nos hemos equivocado. En esos momentos es posible que estas experiencias nos parezcan grandes reveses, pero más tarde las veremos como trampolines hacia cosas mejores. Por ejemplo, puede que nos empeñemos en conseguir que una persona determinada logre la sobriedad y, después de haber hecho todo lo posible durante meses, le vemos recaer. Tal vez esto ocurra en una serie de casos, y nos sintamos profundamente descorazonados en cuanto a nuestra capacidad para llevar el mensaje de A.A. O puede que nos encontremos en la situación opuesta, en la que nos sintamos tremendamente eufóricos porque parece que hemos tenido éxito. En este caso, nos vemos tentados a volvernos muy posesivos con estos recién llegados. Tal vez intentemos darles consejos respecto a sus asuntos, consejos que ni estamos capacitados para dar ni debemos ofrecer en absoluto. Entonces nos sentimos dolidos y confusos cuando se rechazan nuestros consejos, o cuando se aceptan y resultan en una confusión aun mayor. A veces, por haber hecho con ardor una gran cantidad de trabajo de Paso Doce, llevamos el mensaje a tantos alcohólicos que ellos depositan en nosotros una gran confianza. Digamos que nos nombran coordinador de grupo. Nuevamente se nos presenta la tentación de ejercer un control exagerado, lo cual a veces tiene como resultado el rechazo y otras consecuencias que nos son difíciles de aceptar.

Pero a la larga nos damos cuenta claramente de que estos son únicamente los dolores de crecimiento, y que sólo nos traerán beneficios si recurrimos cada vez más a todos los Doce Pasos para encontrar respuestas.

Ahora vamos a considerar la cuestión más importante: ¿cómo practicar estos principios en *todos* nuestros asuntos? ¿Podemos amar en su totalidad esta forma de vivir con el mismo fervor con el que amamos esa pequeña parte que descubrimos al tratar de ayudar a otros alcohólicos a lograr la sobriedad? ¿Podemos llevar a nuestras desordenadas vidas familiares el mismo espíritu de amor y tolerancia que llevamos a nuestro grupo de A.A.? ¿Podemos tener en estas personas, contagiadas y a veces desquiciadas por nuestra enfermedad, la misma confianza y fe que tenemos en nuestros padrinos? ¿Podemos realmente llevar el espíritu de A.A. a nuestro trabajo diario? ¿Podemos cumplir con nuestras recién reconocidas responsabilidades ante el mundo en general? Y, ¿podemos dedicarnos a la religión que hemos escogido con una nueva resolución y devoción? ¿Podemos encontrar una nueva alegría de vivir al tratar de hacer algo respecto a todas estas cosas?

Además, ¿cómo vamos a enfrentarnos con los aparentes fracasos o éxitos? ¿Podemos ahora aceptar y ajustarnos a cualquiera de ellos sin desesperación ni arrogancia? ¿Podemos aceptar la pobreza, la enfermedad, la soledad y la aflicción con valor y serenidad? ¿Podemos contentarnos, sin vacilar, con las satisfacciones más humildes, pero a veces más duraderas, cuando nos vemos privados de los logros más brillantes y espectaculares?

La respuesta de A.A. a todas estas preguntas acerca de la vida es "Sí, todas estas cosas son posibles". Esto lo sabemos porque hemos visto a aquellos que insisten en practicar los Doce Pasos de A.A. convertir la monotonía, el dolor, e incluso la calamidad en algo que les sirve. Y si estas son las realidades de la vida para los muchos alcohólicos que se han recuperado en A.A., pueden llegar a ser las realidades de la vida para muchos más.

Claro está que incluso los A.A. más dedicados rara vez alcanzan semejantes logros. Aunque no lleguemos a tomarnos ese primer trago, a menudo nos apartamos del camino. A veces nuestros problemas tienen su origen en la indiferencia. Nos encontramos sobrios y contentos con nuestro trabajo de A.A. Las cosas van bien en casa y en la oficina. Naturalmente, nos felicitamos por lo que, más tarde, resulta ser un punto de vista demasiado fácil y superficial. Dejamos temporalmente de desarrollarnos porque nos sentimos convencidos de que, para nosotros, no hay necesidad de practicar *todos* los Doce Pasos de A.A. Nos va bien con sólo practicar unos cuantos. Tal vez nos va bien con sólo dos, el Primer Paso y la parte de "llevar el mensaje" del Duodécimo Paso. En la jerga, este estado eufórico se conoce por el nombre de "paso doble"; y puede continuar durante años.

Incluso los que tenemos las mejores intenciones podemos caer en la trampa del "paso doble". Tarde o temprano, se nos pasa esta fase de "nube rosada" y la vida empieza a parecemos aburrida y nos sentimos decepcionados. Empezamos a pensar que, en realidad, A.A. no sirve para tanto. Empezamos a sentimos perplejos y descorazonados.

Quizás entonces la vida, como suele suceder, de repente nos da un plato que no podemos tragar, ni mucho menos digerir. A pesar de nuestros esfuerzos, no conseguimos ese ascenso tan deseado. Perdemos un buen empleo. Tal vez hay graves dificultades domésticas o sentimentales, o quizás ese hijo que creíamos que Dios estaba cuidando muere en una guerra.

¿Cómo respondemos entonces? ¿Tenemos o podemos conseguir, los alcohólicos de A.A., los recursos necesarios para enfrentarnos a estas calamidades que les llegan a tantas personas? ¿Podemos ahora, con la ayuda de Dios como cada cual Lo conciba, afrontarlas con tanto valor y ecuanimidad como lo hacen a menudo nuestros amigos no alcohólicos? ¿Podemos transformar estas calamidades en bienes espirituales, en fuentes de crecimiento y consuelo tanto para nosotros como para los que nos rodean? Bueno, lo cierto es que tenemos una probabilidad de hacerlo si pasamos de practicar dos pasos a practicar doce pasos, si estamos dispuestos para recibir la gracia de Dios que nos puede fortalecer y sostener ante cualquier catástrofe.

Nuestros problemas básicos son los mismos que tiene todo el mundo; pero cuando se hace un esfuerzo sincero para "practicar estos principios en todos nuestros asuntos", los A.A. bien arraigados en el programa parecen tener la capacidad, por la gracia de Dios, para tomar sus problemas con calma, y convertirlos en muestras de fe. Conocemos a miembros de A.A. que, casi sin quejarse y a menudo con buen humor, han padecido enfermedades largas y mortales. Hemos visto a familias, desgarradas por malentendidos, tensiones e infidelidades, volver a reconciliarse gracias a la manera de vivir de A.A.

Aunque la mayoría de los A.A. suelen ganarse bien la vida, tenemos algunos miembros que nunca llegan a restablecerse económicamente, y otros que tropiezan con serios reveses financieros. Por lo general, estas circunstancias se encaran con entereza y fe.

Como la mayoría de la gente, hemos descubierto que podemos aguantar los grandes contratiempos según se no presentan. Pero también, al igual que otros, para nosotros, las pruebas más duras a menudo se encuentran en los problemas cotidianos más pequeños. Nuestra solución está en desarrollarnos espiritualmente cada vez más. Sólo por este medio podemos aumentar nuestras posibilidades de vivir una vida verdaderamente feliz y útil. A medida que nos desarrollamos espiritualmente, nos damos cuenta de que nuestras viejas actitudes hacia nuestros instintos tienen que pasar por una transformación drástica. Nuestros deseos de seguridad emocional y riqueza, de poder y prestigio personal, de relaciones sentimentales y de satisfacciones familiares—todos estos deseos tienen que ser templados y reorientados. Hemos llegado a reconocer que la satisfacción de nuestros instintos no puede ser el único objetivo y fin de nuestra vida. Si anteponemos nuestros instintos a todo lo demás, hemos empezado la casa por el tejado, y nos veremos arrastrados hacia atrás, hacia la desilusión. Pero cuando estamos dispuestos a anteponer a todo el desarrollo espiritual—entonces y sólo entonces, tenemos una verdadera posibilidad de vivir bien.

Después de unirnos a A.A., si seguimos desarrollándonos, nuestras actitudes y acciones respecto a la seguridad—tanto la emocional como la económica—empiezan a cambiar profundamente. Nuestras exigencias de seguridad emocional, de salirnos con la nuestra, siempre nos han forjado relaciones poco viables con otra gente. Aunque a veces estábamos completamente inconscientes de la dinámica, siempre teníamos el mismo resultado. O bien habíamos intentado hacer el papel de Dios y dominar a aquellos que nos rodeaban, o bien habíamos insistido en tener una dependencia exagerada de ellos. Cuando la gente, durante una temporada, nos había permitido que les dirigiéramos la vida, como si todavía fueran niños, nos habíamos sentido felices y seguros de nosotros mismos. Pero cuando, por fin, se rebelaban o huían, era amargo el dolor y el desengaño que sufríamos. Les echábamos la culpa a ellos, porque no podíamos ver que nuestras exigencias excesivas habían sido la causa.

Cuando, por el contrario, exigíamos que la gente nos protegiera y nos cuidara, como si fuéramos niños, o insistíamos en que el mundo nos debía algo, los resultados eran igualmente desastrosos. A menudo esto causaba que nuestros seres más queridos se alejaran de nosotros o nos abandonaran completamente. Nuestra desilusión era difícil de aguantar. No podíamos imaginarnos que la gente nos tratara de esa manera. No pudimos ver que, a pesar de ser mayores de edad, aun seguíamos comportándonos de una manera infantil, tratando de convertir a todo el mundo—amigos, esposas, maridos, incluso al mismo mundo—en padres protectores. Nos habíamos negado a aprender la dura lección de que una dependencia excesiva de otra gente no funciona, porque todas las personas son falibles, e incluso las mejores a veces nos decepcionan, especialmente cuando las exigencias que les imponemos son poco razonables.

A medida que íbamos haciendo un progreso espiritual, llegamos a ver lo engañados que habíamos estado. Pudimos ver claramente que, si alguna vez íbamos a sentirnos emocionalmente seguros entre personas adultas, tendríamos que adoptar en nuestras vidas una actitud de dar-y-tomar; tendríamos que adquirir un sentimiento de comunidad o hermandad con todos los que nos rodean. Nos dimos cuenta de que tendríamos que dar constantemente de nosotros mismos, sin exigir nada a cambio. Cuando persistíamos en hacer esto, poco a poco empezábamos a notar que atraíamos a la gente como nunca. E incluso si nos decepcionaban, podíamos ser comprensivos y no sentirnos seriamente afectados.

Al desarrollarnos aun más, descubrimos que la mejor fuente posible de estabilidad emocional era el mismo Dios. Vimos que la dependencia de Su perfecta justicia, perdón y amor era saludable, y que funcionaría cuando todo lo demás nos fallara. Si realmente dependíamos de Dios, no nos sería posible hacer el papel de Dios con nuestros compañeros, ni sentiríamos el deseo urgente de depender totalmente de la protección y cuidado humanos. Estas eran las nuevas actitudes que acabaron dándonos una fortaleza y una paz internas que ni los fallos de los demás ni cualquier calamidad ajena a nuestra responsabilidad podrían hacer tambalear.

Llegamos a darnos cuenta de que esta nueva actitud era algo especialmente necesario para nosotros los alcohólicos. Porque el alcoholismo nos había creado una existencia muy solitaria, aunque hubiéramos estado rodeados de gente que nos quería. Pero cuando la obstinación había alejado a todo el mundo y nuestro aislamiento llegó a ser total, acabamos haciendo el papel de personajes en cantinas baratas para luego salir solos a la calle a depender de la caridad de los transeúntes. Todavía intentábamos encontrar la seguridad emocional dominando a los demás o dependiendo de ellos. E incluso los que, a pesar de no haber caído tan bajo, nos encontrábamos solos en el mundo, seguíamos intentando en vano lograr la seguridad por medio de una forma malsana de dominación o dependencia. Para los que éramos así, Alcohólicos Anónimos tenía un significado muy especial. Mediante A.A. empezamos a aprender a relacionarnos apropiadamente con la gente que nos comprende; ya no tenemos que estar solos.

La mayoría de las personas casadas que están en A.A. tienen hogares felices. Hasta un grado sorprendente, A.A. ha compensado los deterioros de la vida familiar ocasionados por años de alcoholismo. Pero al igual que otras sociedades, tenemos problemas sexuales y matrimoniales, y a veces son angustiosamente graves. No obstante, rara vez vemos rupturas o separaciones matrimoniales permanentes en A.A. Nuestro principal problema no está en cómo seguir casados, sino en cómo llevar una vida conyugal más feliz, eliminando los graves trastornos emocionales que a menudo se derivan del alcoholismo.

Casi todo ser humano, en algún momento de su vida, experimenta un deseo apremiante de encontrar una pareja del sexo opuesto con quien unirse de la manera más plena posible—espiritual, mental, emocional y físicamente. Este poderoso impulso es la raíz de grandes logros humanos, una energía creativa que tiene una influencia profunda en nuestra vida. Dios nos hizo así. Entonces, nuestra pregunta es la siguiente: ¿Cómo, por ignorancia, obsesión, y obstinación, llegamos a abusar de este don para nuestra propia destrucción? Los A.A. no podemos pretender ofrecer respuestas definitivas a estas preguntas eternas, pero nuestra propia experiencia nos sugiere ciertas respuestas que funcionan para nosotros.

A causa del alcoholismo, se pueden producir situaciones anormales que perjudican la convivencia y la unión de un matrimonio. Si el marido es alcohólico, la mujer tiene que convertirse en cabeza y, a menudo, en sostén de la familia. A medida que se van empeorando las circunstancias, el marido se convierte en un niño enfermo e irresponsable al que hay que cuidar y rescatar de un sinfín de líos y apuros. Poco a poco, y normalmente sin que se dé cuenta, la mujer se ve forzada a hacer el papel de madre de un niño travieso. Y si, para empezar, tiene un fuerte instinto maternal, la situación se agrava. Claro está que, bajo estas condiciones, difícilmente puede existir una relación de igual a igual. La mujer, generalmente, sigue haciendo las cosas con su mejor voluntad, pero el alcohólico, mientras tanto, va oscilando entre el amor y el odio a sus atenciones maternales. Así se establece una rutina que más tarde puede ser difícil de romper. No obstante, bajo la influencia de los Doce Pasos de A.A., a menudo se pueden corregir estas situaciones.*

No obstante, cuando las relaciones han sido grandemente alteradas, puede ser necesario un largo período de pacientes esfuerzos. Después de que el marido se haya unido a A.A., puede que la mujer se vuelva descontenta, e incluso que se sienta resentida de que Alcohólicos Anónimos haya logrado hacer aquello que ella no pudo hacer con tantos años de dedicación. Es posible que su marido llegue a estar tan absorto en A.A. y con sus nuevos amigos que se comporte de una manera poco considerada y pase más tiempo fuera de casa que cuando bebía. Al ver lo infeliz que ella está, le recomienda la práctica de los Doce Pasos de A.A. e intenta enseñarle cómo vivir. Naturalmente, ella cree que durante muchos años se las ha arreglado mucho mejor que él para vivir. Cada uno le echa la culpa al otro y se preguntan si volverán a tener algún día un matrimonio feliz. Puede que incluso empiecen a sospechar que nunca lo hubiera sido.

Claro está que se pueden haber minado tan profundamente las bases para llevar una vida compatible que sea necesaria una separación. Pero esto ocurre con poca frecuencia. El alcohólico, al darse cuenta de todo lo que su mujer ha tenido que aguantar, y de todo el daño que él ha hecho a ella y a sus hijos, casi siempre asume sus responsabilidades matrimoniales bien dispuesto a reparar lo que pueda y aceptar aquello que no pueda corregir. Asiduamente sigue intentando practicar en su hogar todos los Doce Pasos de A.A., a menudo con buenos resultados. Llegado a este punto empieza, con firmeza, pero cariñosamente, a comportarse como un marido y no como un niño travieso. Y, sobre todo, por fin se convence de que el enredarse en aventuras amorosas no es una forma de vivir para él.

---

* Los Grupos familiares de Al-Anon también utilizan los Pasos en una forma adaptada. Esta comunidad mundial, que no forma parte de A.A., se compone de los cónyuges y otros parientes y amigos de los alcohólicos (miembros de A.A. o activos). La dirección de su sede es: 1600 Corporate Landing Parkway, Virginia Beach, VA 23454. Sitio web: www.al-anon.org.

En A.A. hay muchos solteros y solteras que desean casarse y que se ven en posibilidades de hacerlo. Algunos se casan con compañeros de A.A. ¿Cómo resultan estos matrimonios? Por lo general, suelen funcionar bastante bien. Los sufrimientos que tenían en común como bebedores, y el interés que tienen en común por A.A. y lo espiritual a menudo enriquecen esas uniones. También es cierto que los "flechazos" y los casos de amor a primera vista pueden traer dificultades. Los miembros de la futura pareja deben tener una base firme en A.A. y deben haberse conocido suficiente tiempo como para saber que su compatibilidad espiritual, mental y emocional es una realidad y no una ilusión. Deben tener la mayor seguridad posible de que no exista ningún trastorno emocional profundo, en el uno o en el otro, que más tarde, bajo las presiones de la convivencia, vuelva a aparecer de nuevo para arruinar el matrimonio. Estas consideraciones son igualmente válidas e importantes para los A.A. que se casan "fuera" de la Comunidad. Con una clara comprensión de la realidad, y una actitud adulta y apropiada, se consiguen buenos resultados.

¿Y qué podemos decir de los muchos miembros de A.A. que, por diversas razones, no pueden tener una vida familiar? Al comienzo, muchas de estas personas, al ver a su alrededor tanta felicidad doméstica, se sienten muy solas, tristes y aisladas. Si no pueden conocer este tipo de felicidad, ¿puede A.A. ofrecerles satisfacciones de parecido valor y permanencia? Sí—siempre que las busquen con tesón. Estos supuestos solitarios, al verse rodeados de tantos amigos de A.A., nos dicen que ya no se sienten solos. En cooperación con otros—hombres y mujeres—se pueden dedicar a numerosos proyectos constructivos, ideas y personas. Por no tener responsabilidades matrimoniales, pueden participar en actividades que los hombres y mujeres de familia no pueden permitirse. Cada día vemos a tales personas prestar servicios prodigiosos y recibir grandes alegrías a cambio.

En lo relacionado con el dinero y las cosas materiales, experimentamos el mismo cambio revolucionario de perspectiva. Con pocas excepciones, todos habíamos sido derrochadores, íbamos despilfarrando el dinero por todas partes con la intención de complacernos y de impresionar a los demás. En nuestros días de bebedores, nos comportábamos como si tuviéramos fondos inagotables; pero entre borrachera y borrachera, a veces íbamos al otro extremo y nos convertíamos en tacaños. Sin darnos cuenta, estábamos acumulando fondos para la próxima borrachera. El dinero era el símbolo del placer y de la presunción. Cuando nuestra forma de beber se empeoró aún más, el dinero no era sino una apremiante necesidad que nos podía comprar el próximo trago y el alivio pasajero del olvido que éste nos traía.

Al ingresar en A.A., nuestra actitud cambió bruscamente, y a menudo fuimos a parar al otro extremo. Nos entraba el pánico al contemplar el espectáculo de años de despilfarro. Creíamos que no habría tiempo suficiente para restablecer nuestra maltrecha economía ¿Cómo íbamos a pagar esas tremendas deudas, comprarnos una casa decente, educar a nuestros hijos y ahorrar algún dinero para la vejez? Nuestro objetivo principal ya no era dar la impresión de nadar en dinero; ahora exigíamos la seguridad material. Incluso cuando nuestros negocios se habían restablecido, estos temores espantosos seguían atormentándonos. Esto volvió a convertirnos en avaros y tacaños. Era imprescindible que tuviéramos una total seguridad económica. Nos olvidamos de que la mayoría de los alcohólicos en A.A. tienen un potencial de ingresos mucho más alto que el promedio; nos olvidamos de la inmensa buena voluntad de nuestros hermanos de A.A. que estaban muy deseosos de ayudarnos a conseguir mejores trabajos cuando los mereciéramos; nos olvidamos de la inseguridad económica, real o posible, de todos los seres humanos del mundo. Y, lo peor de todo, nos olvidamos de Dios. En los asuntos de dinero, sólo teníamos fe en nosotros mismos e incluso ésta era una fe muy pobre.

Todo esto significaba que aún estábamos bastante desequilibrados. Mientras un trabajo nos siguiera pareciendo una mera forma de conseguir dinero y no una oportunidad de servir; mientras la adquisición de dinero para disfrutar de una independencia económica nos pareciera más importante que la justa dependencia de Dios, íbamos a seguir siendo víctimas de temores irracionales. Y estos temores nos harían imposible llevar una vida serena y útil, fueran cuales fueran nuestras circunstancias económicas.

Pero con el paso del tiempo, descubrimos que, con la ayuda de los Doce Pasos de A.A., podíamos librarnos de estos temores, sin importar cuáles fueran nuestras perspectivas económicas. Podíamos realizar alegremente tareas humildes sin preocuparnos por el mañana. Si, por suerte, nuestras circunstancias eran buenas, ya no vivíamos temiendo los reveses, porque habíamos llegado a saber que tales dificultades podrían ser transformadas en bienes espirituales. Lo que más nos importaba no era nuestra condición material, sino nuestra condición espiritual. Poco a poco el dinero pasó de ser nuestro dueño a ser nuestro servidor. Llegó a convertirse en un medio para intercambiar amor y servicio con aquellos que nos rodeaban. Cuando, con la ayuda de Dios, aceptamos serenamente nuestra suerte, nos dimos cuenta de que podíamos vivir en paz con nosotros mismos y enseñar a otros que aún sufrían los mismos temores que ellos también podían superarlos. Llegamos a entender que liberarnos del temor era más importante que liberarnos de las inquietudes económicas.

Detengámonos aquí un momento a considerar la mejora en nuestra actitud hacia los problemas de la importancia personal, el poder, la ambición y el liderazgo. Estos eran los escollos en los que muchos de nosotros naufragamos en nuestras carreras de bebedores.

Casi todo muchacho sueña con llegar a ser presidente del país. Quiere ser el número uno de la nación. Al hacerse mayor y ver la imposibilidad de realizarlo, puede sonreírse con buen humor recordando el sueño de su infancia. En años posteriores, descubre que la verdadera felicidad no se encuentra en intentar ser el número uno, ni ser uno de los primeros en la lucha desgarradora por el dinero, el sexo o el prestigio. Llega a saber que puede estar contento mientras juegue bien las cartas que la vida le ha repartido. Sigue siendo ambicioso, pero no de una manera absurda, porque ahora puede ver y aceptar la realidad de la vida. Está dispuesto a mantenerse en su justa proporción.

Pero no sucede así con los alcohólicos. Cuando A.A. tenía pocos años de existencia, algunos sicólogos y doctores eminentes llevaron a cabo una investigación exhaustiva de un gran número de los llamados bebedores problema Los médicos no intentaban determinar lo diferentes que éramos unos de otros; trataban de identificar los rasgos de personalidad, si los hubiere, que este grupo de alcohólicos tenía en común. Llegaron a una conclusión que dejaba estupefactos a los miembros de A.A. de aquel entonces. Estos hombres distinguidos tuvieron la osadía de decir que la mayoría de los alcohólicos que habían examinado eran infantiles, hipersensibles emocionalmente y tenían delirios de grandeza.

¡Qué resentidos estábamos ante este veredicto! Nos negábamos a creer que nuestros sueños adultos eran a menudo verdaderamente infantiles. Y, al tener en cuenta la mala suerte que nos había tocado en la vida, nos parecía muy natural que fuéramos muy sensibles. En cuanto a nuestros delirios de grandeza, insistíamos en que sólo albergábamos una elevada y legítima ambición de ganar la batalla de la vida.

No obstante, desde aquel entonces, la mayoría de nosotros hemos llegado a estar de acuerdo con aquellos doctores. Nos hemos parado a mirarnos más detenidamente a nosotros y a aquellos que nos rodean. Hemos visto que los temores e inquietudes irracionales eran los que nos impulsaron a dar importancia primordial en la vida al asunto de ganar la fama, el dinero y lo que para nosotros era el liderazgo. Así que el falso orgullo se convirtió en la otra cara de la ruinosa moneda "Temor". Teníamos que ser el número uno para ocultar nuestro profundo sentimiento de inferioridad. Al tener algún que otro éxito, alardeábamos de mayores hazañas futuras; al sufrir alguna derrota, nos sentíamos amargados. Si teníamos poco éxito mundano, nos deprimíamos y nos acobardábamos. Entonces la gente decía que éramos seres "inferiores". Pero ahora nos vemos como astillas de un mismo palo. En el fondo, habíamos sido exageradamente temerosos. Daba lo mismo que nos hubiéramos sentado a las orillas de la vida, bebiendo hasta sumirnos en el olvido, o que nos hubiéramos lanzado imprudente y obstinadamente a unas aguas agitadas casi sin saber nadar. El resultado fue el mismo—todos nosotros por poco nos ahogamos en un mar de alcohol.

Pero hoy día, para los A.A. que han alcanzado su madurez, estos impulsos deformados han vuelto a cobrar algo parecido a su verdadero objetivo y encausamiento. Ya no nos esforzamos por dominar o imponernos a los que nos rodean para ganar prestigio. Ya no buscamos fama y honor para ser alabados. Si por nuestros dedicados servicios a la familia, los amigos, el trabajo o la comunidad, atraemos el afecto de los demás y se nos escoge para puestos de mayor responsabilidad y confianza, tratamos de estar humildemente agradecidos y de esforzarnos aún más animados por un espíritu de amor y servicio. Nos damos cuenta que el verdadero liderazgo depende del ejemplo que damos de nuestra competencia y no de vanidosos alardes de poder o de gloria.

Aun más maravilloso es saber que no es necesario que nos distingamos entre nuestros semejantes para poder llevar una vida útil y profundamente feliz. Pocos de nosotros llegaremos a ser líderes eminentes, ni queremos serlo. El servicio, gustosamente prestado, las obligaciones honradamente cumplidas, los problemas francamente aceptados o resueltos con la ayuda de Dios, la conciencia de que, en casa o en el mundo exterior, todos somos participantes en un esfuerzo común, la realidad bien entendida de que a los ojos de Dios todo ser humano es importante, la prueba de que el amor libremente dado siempre tiene su plena recompensa, la certeza de que ya no estamos aislados ni solos en las prisiones que nosotros hemos construido, la seguridad de que ya no tenemos que ser como peces fuera del agua, sino que encajamos en el plan de Dios y formamos parte de Su designio—éstas son las satisfacciones legítimas y permanentes del recto vivir que no podrían reemplazar ninguna cantidad de pompa y circunstancia, ni ninguna acumulación de bienes materiales. La verdadera ambición no es lo que creíamos que era. La verdadera ambición es el profundo deseo de vivir útilmente y de andar humildemente bajo la gracia de Dios.

Estos cortos ensayos sobre los Doce Pasos de A.A. llegan ahora a su fin. Hemos venido considerando tantos problemas que puede causar la impresión que A.A. no es sino una infinidad de angustiosos dilemas e intentos de solucionarlos. Hasta cierto punto, esto es verdad. Hemos hablado acerca de problemas porque somos gente problemática que hemos encontrado una salida y una solución, y que deseamos compartirlas con todos los que las necesiten. Porque sólo al aceptar y solucionar nuestros problemas podemos empezar a estar en paz con nosotros mismos, con el mundo que nos rodea y con Él que preside sobre todos nosotros. La comprensión es la clave de las actitudes y los principios correctos, y las acciones correctas son la clave del buen vivir; por eso, la alegría del buen vivir es el tema del Duodécimo Paso de A.A.

Que cada uno de nosotros, con cada día que pase de nuestra vida, llegue a sentir más profundamente el significado esencial de la sencilla oración de A.A.:

Dios, concédenos la serenidad para aceptar las cosas que
no podemos cambiar,
el valor para cambiar aquellas que podemos,
y la sabiduría para reconocer la diferencia.

LAS DOCE TRADICIONES

Primera Tradición

"Nuestro bienestar común debe tener la preferencia; la recuperación personal depende de la unidad de A.A."

LA unidad de Alcohólicos Anónimos es la cualidad más preciada que tiene nuestra Sociedad. Nuestras vidas, y las vidas de todos los que vendrán, dependen directamente de ella. O nos mantenemos unidos, o A.A muere. Sin la unidad, cesaría de latir el corazón de A.A; nuestras arterias mundiales dejarían de llevar la gracia vivificadora de Dios; se desperdiciaría la dádiva que Él nos concedió. Los alcohólicos, obligados a volver a sus cavernas, nos lo echarían en cara, diciéndonos "¡Qué cosa tan magnífica hubiera podido ser A.A.!"

Algunos preguntarán con inquietud "¿Quiere esto decir que en A.A. el individuo no tiene mucha importancia? ¿Ha de ser dominado por su grupo y absorbido por él?"

Podemos responder con toda seguridad a esta pregunta con un rotundo "¡No!" Creemos que no existe en el mundo otra comunidad que tenga más ferviente interés por cada uno de sus miembros; sin duda, no hay ninguna que defienda más celosamente el derecho del individuo a pensar, hablar y obrar según desee. Ningún A.A. puede obligar a otro a hacer nada; nadie puede ser castigado o expulsado. Nuestros Doce Pasos de recuperación son sugerencias; en las Doce Tradiciones, que garantizan la unidad de A.A., no aparece ni una sola prohibición. Una y otra vez veremos la palabra "debemos", pero nunca "¡tienes que!"

A muchos les parece que tanta libertad para el individuo equivale a una anarquía total. Todo recién llegado, todo amigo, al conocer a A.A. por primera vez, se quedan sumamente perplejos. Ven una libertad que raya en el libertinaje; no obstante, se dan cuenta inmediatamente de la irresistible determinación y dedicación que tiene A.A. Preguntan, "¿Cómo puede tan siquiera funcionar tal pandilla de anarquistas? ¿Cómo es posible que den preferencia a su bienestar común? ¿Qué puede ser lo que les mantiene unidos?"

Aquellos que miran más detenidamente, no tardan en descubrir la clave de esta extraña paradoja. El miembro de A.A. tiene que amoldarse a los principios de recuperación. En realidad su vida depende de la obediencia a principios espirituales. Si se desvía demasiado, el castigo es rápido y seguro; se enferma y muere. Al comienzo, obedece porque no le queda más remedio; más tarde, descubre una manera de vivir que realmente le agrada. Además, se da cuenta de que no puede conservar esta preciosa dádiva a menos que la comparta con otros. Ni él ni ningún otro pueden sobrevivir a menos que lleve el mensaje de A.A. En el momento en que este trabajo de Paso Doce resulta en la formación de un grupo, se descubre otra cosa—que la mayoría de los individuos no pueden recuperarse a menos que *exista* un grupo. Se da cuenta de que el individuo no es sino una pequeña parte de una gran totalidad; que para la preservación de la Comunidad, no hay ningún sacrificio personal que sea demasiado grande. Va descubriendo que tiene que silenciar el clamor de sus deseos y ambiciones personales, cuando éstos pudieran perjudicar al grupo. Resulta evidente que si no sobrevive el grupo, tampoco sobrevivirá el individuo.

Así que, desde el mismo comienzo, la cuestión de cómo vivir y trabajar juntos como grupos ha tenido para nosotros una importancia primordial. En el mundo a nuestro alrededor, vimos personalidades destrozar pueblos enteros.

La lucha por la riqueza, el poder y el prestigio estaba desgarrando como nunca a la humanidad. Si en su búsqueda de paz y armonía los pueblos fuertes se encontraban estancados, ¿qué iba a ser de nuestra errática pandilla de alcohólicos? Así como una vez habíamos luchado y rezado ardientemente por la recuperación personal, con el mismo ardor comenzamos la búsqueda de los principios por medio de los cuales A.A. podría sobrevivir. En el yunque de la experiencia, se martilló la estructura de nuestra Sociedad.

Incontables veces, en multitud de pueblos y ciudades, volvimos a representar el drama de Eddie Rickenbacker y su valiente compañía cuando su avión se estrelló en el Pacífico. Al igual que nosotros, ellos se vieron repentinamente salvados de la muerte, pero aún flotando a la deriva sobre un mar peligroso. ¡Qué clara cuenta se dieron *ellos* de que su bienestar común tenía la preferencia! Ninguno podía ser egoísta en cuanto al agua o el pan. Cada uno tenía que pensar en los demás y todos sabían que encontrarían la verdadera fortaleza en una fe constante. Y encontraron esa fortaleza, en grado suficiente para superar todos los defectos de su frágil embarcación, toda prueba de incertidumbre, sufrimiento, temor y desesperación e incluso la muerte de uno de ellos.

Así ha sido con A.A. Mediante la fe y las obras hemos podido seguir adelante aprovechando las lecciones de una increíble experiencia. Estas lecciones están vivas hoy en las Doce Tradiciones de Alcohólicos Anónimos, las cuales—Dios mediante—nos sostendrán y mantendrán unidos mientras Él nos necesite.

Segunda Tradición

"Para el propósito de nuestro grupo solo existe una autoridad fundamental: un Dios amoroso tal como se exprese en la conciencia de nuestros grupos. Nuestros líderes no son más que servidores de confianza; no gobiernan".

¿**D**E dónde obtiene A.A. su orientación? ¿Quién lo dirige? Esto también puede parecer enigmático a todos los amigos y recién llegados. Cuando se les dice que nuestra Sociedad no tiene un presidente con autoridad para gobernarla, ni un tesorero que pueda exigir el pago de cuotas, ni una junta de directores que pueda arrojar a las tinieblas exteriores a un miembro descarriado—que de hecho ningún A.A. puede dar una orden a otro ni imponer obediencia—nuestros amigos se quedan asombrados y exclaman, "Esto no puede ser. Tiene que haber una trampa en alguna parte". Luego, al leer la Segunda Tradición, esta gente de sentido práctico descubre que en A.A. la única autoridad es un Dios amoroso tal como se exprese en la conciencia de grupo. Con escepticismo preguntan al miembro experimentado de A.A. si esto realmente puede funcionar así. El miembro, cuerdo según parece, les responde enseguida, "Sí. Sin duda es así". Los amigos mascullan que esto les parece vago, nebuloso y algo ingenuo. Luego empiezan a observarnos con ojos especulativos, aprenden algo de la historia de A.A., y pronto tienen los hechos concretos.

¿Cuáles son estos hechos, estas realidades de la vida de

A.A. que nos llevaron a adoptar este principio que a primera vista parece tan poco práctico?

Fulano de tal, un buen A.A., se traslada, digamos, a Villanueva. Ahora solo, considera la posibilidad de que, tal vez, no pueda mantenerse sobrio, ni siquiera vivo, si no transmite a otros alcohólicos lo que tan desinteresadamente se le dio a él. Siente un apremio espiritual y ético, porque puede haber a su alcance centenares de alcohólicos que sufren. Además, echa de menos su grupo base. Necesita a otros alcohólicos tanto como ellos le necesitan a él. Visita a clérigos, médicos, periodistas, policías, y taberneros... y como consecuencia, Villanueva tiene ahora un grupo, y él es el fundador.

Por ser el fundador, al principio él es el jefe. ¿Quién otro podría serlo? Pero muy pronto, la autoridad que ha asumido para dirigirlo todo empieza a ser compartida con los primeros alcohólicos a quienes ayudó. En este momento el benigno dictador se convierte en el presidente de un comité compuesto por sus amigos. Ellos constituyen la jerarquía de servicio del grupo en su período de formación—jerarquía autonombrada, por supuesto, porque no hay otra alternativa. En cuestión de unos pocos meses, A.A. florece en Villanueva.

El fundador y sus amigos canalizan la espiritualidad hacia los nuevos miembros, alquilan los locales, hacen los arreglos necesarios con los hospitales, y piden a sus esposas que preparen litros y litros de café. Como todo ser humano, puede que el fundador y sus amigos se dejen acariciar un poco por la gloria. Comentan entre sí, "Quizás sería una buena idea que siguiéramos dirigiendo con mano firme Alcohólicos Anónimos en este pueblo. Después de todo, tenemos más experiencia. Y mira el bien que les hemos hecho a estos borrachos. Deberían estar agradecidos". Es cierto que a veces los fundadores y sus amigos son más sabios y más humildes. Pero muy a menudo en esta etapa no lo son.

Ahora el grupo se ve acosado por los dolores de crecimiento. Los mendigos mendigan. Los solitarios buscan pareja. Los problemas les inundan como una avalancha. Aun más importante, se oyen rumores en el seno del grupo que se convierten en un clamor: "¿Se creen estos viejos que van a dirigir el grupo para siempre? ¡Hagamos una elección!" El fundador y sus amigos se sienten dolidos y deprimidos. Van de crisis en crisis y de miembro a miembro, suplicando; pero no sirve de nada, la revolución ha comenzado. La conciencia de grupo está a punto de tomar las riendas.

Ahora se celebran las elecciones. Si el fundador y sus amigos han sido buenos servidores, puede que—para su gran sorpresa—sean reelegidos por un período de tiempo. Pero si se han opuesto enconadamente a la creciente ola de democracia, puede que se encuentren sumariamente depuestos. En cualquier caso, el grupo ahora tiene un llamado comité rotativo, con autoridad estrictamente limitada. Los miembros componentes no pueden bajo ningún concepto gobernar o dirigir el grupo. Son servidores. Suyo es el a veces ingrato privilegio de atender a las tareas del grupo. Presidido por un coordinador, el comité se encarga de las relaciones públicas y de hacer los preparativos para celebrar las reuniones. El tesorero, que tiene que rendir cuentas ante el grupo, recoge el dinero que se echa al pasar el sombrero, lo lleva al banco, paga el alquiler y otros gastos, y presenta un informe regularmente en las reuniones de negocios del grupo. El secretario procura que la literatura esté expuesta en las mesas y que se atiendan las llamadas telefónicas, contesta la correspondencia, y envía por correo los avisos para anunciar las reuniones. Estos son los sencillos servicios que le permiten funcionar al grupo. El comité no da consejos espirituales, no juzga la conducta de nadie, y no da órdenes. Si intentan hacerlo, todos pueden ser eliminados en las próximas elecciones. Y así hacen el tardío descubrimiento de que en realidad son servidores y no senadores. Estas son experiencias universales. De esta manera, por todo A.A., la conciencia de grupo decreta las condiciones bajo las cuales deben servir sus líderes.

Esto nos conduce directamente a la pregunta "¿Tiene A.A. una verdadera dirección?" La respuesta es un rotundo "Sí, a pesar de la aparente falta de la misma". Volvamos a considerar al depuesto fundador y a sus amigos. ¿Qué va a ser de ellos? Según se les pasa su pena y su inquietud, empieza una transformación sutil. Con el tiempo acaban dividiéndose en dos clases conocidas en la jerga de A.A. como "ancianos estadistas" y "viejos resentidos". El anciano estadista es el que ve lo sabia que es la decisión del grupo, que no siente ningún rencor al verse reducido a una posición menos importante, cuyo criterio, madurado por una larga experiencia, es equilibrado, y que está dispuesto a quedarse al margen, esperando pacientemente el desarrollo de los acontecimientos. El viejo resentido es el que está tan firmemente convencido de que el grupo no puede funcionar sin él, que intriga constantemente para ser reelegido, y que sigue consumido por la lástima de sí mismo. Unos pocos llegan a estar tan consumidos por el resentimiento que—despojados del espíritu y los principios de A.A.—acaban emborrachándose. A veces el paisaje de A.A. parece estar repleto de estas figuras resentidas. Casi todos los veteranos de nuestra Sociedad han pasado en alguna medida por esta fase. Afortunadamente, la mayoría de ellos sobreviven y se convierten en viejos estadistas. Llegan a constituir la verdadera y permanente dirección de A.A. Suyas son las opiniones calmadas, los conocimientos seguros y los ejemplos humildes que resuelven las crisis. Cuando el grupo se encuentra indeciso y confuso, invariablemente acude a ellos para pedir consejo. Llegan a ser la voz de la conciencia de grupo; de hecho, son la verdadera voz de Alcohólicos Anónimos. No dirigen por mandato; guían con su ejemplo. Esta es la experiencia que nos ha llevado a la conclusión de que nuestra conciencia de grupo, bien aconsejada por los ancianos, será a la larga más sabia que cualquier líder individual.

Cuando A.A. tenía solamente tres años de existencia,

ocurrió algo que demostró la sabiduría de este principio.
Uno de los primeros miembros de A.A., muy en contra de
sus propios deseos, se vio forzado a acatar la opinión del
grupo. A continuación, la historia en sus propias palabras.

"Cierto día, estaba haciendo un trabajo de Paso Doce en
un hospital de Nueva York. El propietario, Charlie, me llamó a su oficina. 'Bill', me dijo, 'creo que es una lástima que
te encuentres tan apurado de dinero. Te rodean cantidad de
borrachos que están recuperándose y haciendo dinero. Pero
tú que te dedicas de lleno a este trabajo, andas sin un centavo. No es justo'. Charlie buscó y sacó de su escritorio un
viejo estado de cuentas. Me lo pasó y siguió diciendo, 'Aquí
se puede ver cuánto dinero ganaba el hospital en los años
20. Miles de dólares al mes. Podría estar ganando lo mismo
ahora y así lo haría—si tú me ayudaras. ¿Por qué no te ins-
talas aquí para hacer tu trabajo? Te daré una oficina, unos
fondos razonables para gastos, y una buena participación
en los beneficios. Hace tres años, cuando mi médico jefe,
Silkworth, me mencionó por primera vez la idea de ayudar
a los borrachos por medio de la espiritualidad, la consideré
una cosa de chiflados; pero he cambiado de opinión. Algún
día, tu grupo de ex borrachos llenará el Madison Square
Garden, y no veo por qué tienes que morirte de hambre
mientras tanto. Lo que te propongo es completamente ético. Puedes establecerte como terapeuta no titulado y tener
más éxito que nadie en esta profesión'.

"Me quedé asombrado. Sentí unos pequeños remordimientos hasta que me di cuenta de lo ética que era la
propuesta de Charlie. No había nada de malo en que me
estableciera como terapeuta no titulado. Pensé en Lois, que
llegaba exhausta a casa después de trabajar todo el día en
los grandes almacenes, para ponerse a preparar la cena
para una multitud de borrachos que no pagaban nada a
cambio. Pensé en la gran suma de dinero que todavía debía a mis acreedores de Wall Street. Pensé en algunos de
mis amigos alcohólicos que estaban ganando tanto dinero

como siempre. ¿Por qué no podía hacer yo lo mismo?

"Aunque pedí a Charlie que me diera algún tiempo para considerarlo, yo ya casi había decidido lo que iba a hacer. Volviendo a toda prisa a Brooklyn en el subterráneo, sentí algo que me pareció una revelación divina. No fue más que una sola frase, pero sumamente convincente. De hecho, era una frase de la Biblia—una voz insistente que me decía: "El obrero es digno de su salario". Al llegar a casa, encontré a Lois cocinando como de costumbre, mientras tres borrachos miraban con ojos hambrientos desde la puerta de la cocina. La llamé a un lado y le conté la gloriosa noticia. La vi interesada, pero no tan entusiasmada como creía que debería estar.

"Aquella noche teníamos reunión en casa Aunque ninguno de los borrachos a quienes dábamos alojamiento parecía lograr su sobriedad, otros sí la habían logrado. Acompañados de sus esposas, llenaban nuestra sala de estar. Enseguida, me lancé a contar la historia de la oportunidad que se me ofrecía. Nunca olvidaré sus caras impasibles, ni las miradas fijas que me dirigieron. Con cada vez menos entusiasmo, seguí hasta el final de mi historia. Hubo un largo silencio.

"Casi con timidez, uno de mis amigos empezó a hablar. 'Sabemos lo mal que andas de dinero, Bill. Nos preocupa mucho. Muchas veces nos hemos preguntado lo que podríamos hacer para remediarlo. Pero creo que expreso la opinión de todos cuando digo que lo que tú propones ahora nos preocupa mucho más'. Conforme iba hablando mi amigo, su voz iba cobrando un tono más seguro. '¿No te das cuenta de que nunca podrás convertirte en un profesional? Por muy generoso que Charlie haya sido con nosotros, ¿no ves que no podemos vincular lo que tenemos con su hospital ni con ningún otro? Nos dices que la propuesta de Charlie es ética. Claro que es ética, pero lo que tenemos no va a funcionar basándose únicamente en la ética; tiene que ser mejor. Claro que la idea de Charlie es buena; pero no lo suficientemente buena. Esta es una cuestión de vida o muerte, Bill, y nada que no sea lo mejor servirá'. Mis amigos me miraban con desafío mientras su compañero seguía hablando. 'Bill, ¿no nos has dicho tú mismo a menudo en esta misma sala que a veces lo bueno es enemigo de lo mejor? Pues, esto es un ejemplo clarísimo. No nos puedes hacer esto'.

"Así habló la conciencia de grupo. El grupo tenía razón, y yo estaba equivocado. La voz que había oído en el subterráneo no era la voz de Dios. Esta era la auténtica voz emanando de la boca de mis amigos. La escuché y—gracias a Dios—obedecí".

Tercera Tradición

"El único requisito para ser miembro de A.A.
es querer dejar de beber".

ESTA Tradición está repleta de significado. Porque en realidad A.A. dice a todo verdadero bebedor, "tú eres miembro de A.A., si tú lo dices. Puedes declararte a ti mismo miembro de la Sociedad; nadie puede prohibirte la entrada. No importa quién seas; no importa lo bajo que hayas caído; no importa lo grave que sean tus complicaciones emocionales—ni incluso tus crímenes—no podemos impedirte que seas miembro de A.A. No *queremos* prohibirte la entrada. No tenemos ningún miedo de que nos vayas a hacer daño, por muy retorcido o violento que seas. Sólo queremos estar seguros de que tengas la misma gran oportunidad de lograr la sobriedad que tuvimos nosotros. Así que eres miembro de A.A. desde el momento en que lo digas".

Para establecer este principio, tuvimos que pasar por años de experiencias desgarradoras. En nuestros primeros años, nada nos parecía tan frágil, tan fácil de romper como un grupo de A.A. Casi ningún alcohólico a quien nos dirigíamos nos hacía caso; la mayoría de los que se unían a nosotros eran como velas vacilantes en medio de un vendaval. Una y otra vez, se apagaban sus inciertas llamas para no volverse a encender. Nuestra constante y callada inquietud era "¿A cuál de nosotros le tocará ser el próximo?"

Un miembro nos ofrece una viva imagen de esos días. "En aquella época", dice, "cada grupo de A.A. tenía muchos reglamentos para hacerse miembro. Todos estaban aterrados de que algo o alguien hiciera zozobrar la embarcación y arrojarnos a todos nuevamente a un mar de alcohol. La oficina de nuestra Fundación* pidió a cada grupo que enviara su lista de reglamentos 'protectores'. La lista completa medía más de una milla. Si todos los reglamentos hubieran estado en vigor en todas partes, a nadie le habría sido posible hacerse miembro de A.A.—a tal extremo llegaban nuestras inquietudes y nuestro temor.

"Habíamos decidido no aceptar como miembro a nadie que no formase parte de esa hipotética clase de gente que nosotros denominábamos 'alcohólicos puros'. Aparte de su afición a la bebida y sus desastrosos resultados, no podían tener otras complicaciones. Así que no queríamos saber nada de los pordioseros, los vagabundos, los confinados en manicomios, los presos, los homosexuales, los chiflados y las mujeres perdidas. ¡Sí señor!, sólo nos dedicaríamos a los alcohólicos puros y respetables. Los de cualquier otra clase sin duda nos destruirían. Además, si aceptáramos a esa gente rara, ¿qué dirían de nosotros la buena gente? Construimos una cerca de malla muy fina alrededor de A.A.

"Puede que todo eso ahora parezca gracioso. Tal vez les cause la impresión de que nosotros los pioneros éramos bastante intolerantes. Pero les puedo asegurar que en ese entonces la situación no era nada cómica. Eramos severos e incluso rígidos porque creíamos que nuestras vidas y nuestros hogares estaban amenazados, y eso no era cosa de risa. ¿Intolerantes, dicen ustedes? Más bien, teníamos miedo. Naturalmente, empezamos a comportarnos como se comportan casi todos cuando tienen miedo. Al fin y al cabo, ¿no es el miedo la verdadera base de la intolerancia? Sí, éramos intolerantes".

¿Cómo hubiéramos podido adivinar en aquel entonces

---

*En 1954, se cambió el nombre de la *Alcoholic Foundation, Inc.,* por el de la *General Service Board of Alcoholics Anonymous, Inc,* y la oficina de la Fundación es ahora la Oficina de Servicios Generales.

que todos esos temores resultarían ser infundados? ¿Cómo hubiéramos podido saber que miles de esas personas que a veces nos asustaban tanto iban a recuperarse de forma tan asombrosa y convertirse en nuestros más incansables trabajadores e íntimos amigos? ¿Quién hubiera creído que A.A. tendría un índice de divorcio muy inferior al promedio? ¿Cómo hubiéramos podido prever en aquel entonces que esas personas tan molestas llegarían a ser nuestros mejores maestros de paciencia y tolerancia? ¿Quién hubiera podido imaginar en aquella época una sociedad que incluyera todo tipo de personalidad concebible, y que atravesara todas las barreras de raza, religión, afiliación política e idioma sin ninguna dificultad?

¿Por qué A.A. acabó por abandonar todos sus reglamentos para hacerse miembro? ¿Por qué dejamos que cada recién llegado decidiera si era o no era alcohólico, y si debería o no debería unirse a nosotros? ¿Por qué nos atrevimos a decir, contrariamente a lo indicado por la experiencia de las sociedades y los gobiernos de todas partes del mundo, que no castigaríamos a nadie ni privaríamos a nadie de la posibilidad de hacerse miembro de A.A., que nunca deberíamos obligar a nadie a pagar nada, a creer en nada, ni a ajustarse a ninguna regla?

La respuesta, que ahora se ve en la Tercera Tradición, era la simplicidad misma. La experiencia por fin nos enseñó que quitarle en cualquier grado su oportunidad a cualquier alcohólico a veces equivalía a pronunciar su sentencia de muerte, y muy a menudo a condenarle a una vida de sufrimientos sin fin. ¿Quién se atrevería a ser juez, jurado y verdugo de su propio hermano enfermo?

A medida que los grupos se iban dando cuenta de esas posibilidades, iban abandonando todos los reglamentos para hacerse miembro. Las experiencias dramáticas que se fueron sucediendo una tras otra reforzaron esa determinación, hasta que se convirtió en nuestra tradición universal. He aquí dos ejemplos:

Corría el Año Dos del calendario de A.A. En aquella
época no existían sino dos grupos de alcohólicos, sin nombre, que luchaban por subsistir, intentando seguir la luz
que les alumbraba el camino.

Un principiante llegó a uno de estos grupos, llamó a la
puerta y pidió que le dejaran entrar. Habló francamente
con el miembro más antiguo del grupo. Pronto demostró
que el suyo era un caso desesperado y que, sobre todo, quería recuperarse. "Pero", preguntó, "¿me permitirán unirme
a su grupo? Ya que soy víctima de otro tipo de adicción
aun más estigmatizada que el alcoholismo, puede que no
me quieran entre ustedes".

Así se presentó el dilema. ¿Qué debería hacer el grupo?
El miembro más antiguo llamó a otros dos y en privado les
expuso los hechos de este caso explosivo. Dijo: "¿Qué vamos
a hacer? Si le cerramos la puerta a este hombre, no tardará en
morir. Si le dejamos entrar, solo Dios sabe los problemas que
nos pueda traer. ¿Cuál debe ser nuestra respuesta—sí o no?

Al principio, los ancianos sólo podían considerar los
inconvenientes. Dijeron: "Sólo nos ocupamos de los alcohólicos. ¿No sería mejor sacrificar a uno por el bien de todos los demás?" Así siguió la discusión mientras la suerte
del recién llegado estaba pendiente de un hilo. Entonces,
uno de los tres habló en tono muy diferente. "Lo que realmente tememos", dijo, "es el daño que esto pueda causar
a nuestra reputación. Tememos mucho más a lo que la
gente diga de nosotros que a los problemas que este alcohólico extraño nos pueda ocasionar. Mientras estábamos
hablando, cuatro palabras cortas se me iban cruzando por
la mente. Algo me sigue repitiendo: '¿Qué haría el Maes-
tro?'" No se dijo ni una palabra más. ¿Qué más se podría
haber dicho?

Rebosante de alegría, el recién llegado se lanzó al trabajo de Paso Doce. Incansablemente expuso el mensaje de
A.A. a veintenas de personas y, ya que este era uno de los
grupos primitivos, esas veintenas se han convertido en mi-

llares. Nunca molestó a nadie con su otro problema. A.A. había dado su primer paso hacia la formación de la Tercera Tradición. Poco tiempo después de que se presentara este compañero con doble estigma, un vendedor a quien llamaremos Eduardo se unió al otro grupo de A.A. Era un promotor agresivo y tenía todo el descaro típico de un vendedor. A cada minuto se le ocurría por lo menos una idea para mejorar A.A. Vendía a sus compañeros de A.A. esas ideas con el mismo ardor con el que distribuía cera para automóviles. Pero tenía una idea que no era fácil de vender. Ed era ateo. Su mayor obsesión era que A.A. podría funcionar mejor sin "tantas necedades sobre Dios". Trataba de imponer sus ideas a todos, y todos suponían que pronto se emborracharía—porque en aquel entonces los A.A. tendían a ser bastante piadosos. Se creía que tal blasfemia merecería un fuerte castigo. Para su gran desconcierto, Ed seguía manteniéndose sobrio.

Con el tiempo le llegó el turno de hablar en una reunión. Nos pusimos a temblar, porque ya sabíamos lo que iba a venir. Empezó elogiando a la Comunidad; explicó cómo su familia se había vuelto a unir; ensalzó la virtud de la honradez; habló de las satisfacciones de hacer el trabajo de Paso Doce; y luego soltó la andanada. Ed gritó: "No puedo aguantar tantas tonterías sobre Dios. Sólo son simplezas para la gente débil. Este grupo no lo necesita, y yo no me las tragaré. ¡Al diablo con ellas!"

Una gran ola de indignación inundó al grupo, llevando a todos a una resolución unánime: "¡Afuera con él!"

Los ancianos le llamaron aparte y le dijeron con firmeza: "Aquí no puedes hablar así. O lo dejas o te largas". Con gran sarcasmo, Ed les replicó: "No me digan. ¿Tengo que marcharme?" Estiró el brazo y sacó de la estantería un manojo de papeles. Encima de ellos estaba el prólogo del libro "Alcohólicos Anónimos", que se estaba preparando en ese entonces. Leyó en voz alta: "El único requisito para ser miembro de A.A. es querer dejar de beber". Implacablemente, siguió hablando: "Cuando escribieron esta frase, ¿lo decían en serio, o no?"

Con gran consternación, los ancianos se miraron, unos a otros, porque sabían que Ed les tenía atrapados. Así que Ed se quedó.

No solamente se quedó, sino que permaneció sobrio—mes tras mes. Cuanto más tiempo pasaba sin beber, más fuerte hablaba—en contra de Dios. Tan profunda era la angustia del grupo que toda caridad fraternal desapareció. "¿Cuándo", se decían quejumbrosamente, unos a otros, "cuándo volverá a emborracharse este hombre?"

Bastante tiempo después, Ed consiguió un trabajo de vendedor que le obligaba a viajar fuera de la ciudad. Pasados unos cuantos días, llegaron las noticias. Había enviado un telegrama pidiendo dinero, y todos sabían lo que eso significaba. Luego llamó por teléfono. En aquella época, estábamos dispuestos a ir a cualquier parte para hacer un trabajo de Paso Doce, por poco prometedor que fuera el caso. Pero en esta ocasión, nadie se movió. "¡Que se quede solo! ¡Que lo pruebe él solo esta vez! Tal vez aprenda su lección".

Unas dos semanas más tarde, Ed entró a hurtadillas en la casa de un miembro de A.A. y, sin que la familia lo supiera, se acostó. A la mañana siguiente, mientras el dueño de la casa y un amigo estaban tomando café, se oyó un ruido en la escalera. Para su consternación, allí apareció Ed. Con una sonrisa extraña, les preguntó, "¿Ya han hecho ustedes su meditación matutina?" Pronto se dieron cuenta de que lo preguntaba muy en serio. Poco a poco les fue contando lo que le había ocurrido.

En un estado vecino, Ed se había instalado en un hotel barato. Después de ver rechazadas todas sus súplicas de ayuda, oyó repetirse en su mente febril las siguientes palabras: "Me han abandonado. He sido abandonado por los míos. Este es el final—no me queda nada". Mientras daba vueltas y más vueltas en la cama, su mano tropezó con la mesita de noche y tocó un libro. Lo abrió y se puso a leer. Era la Biblia. Ed nunca dio más detalles de lo que vio y sintió en aquella habitación del hotel. Era el año 1938. Desde entonces no ha vuelto a tomarse un trago.

Hoy en día, cuando se reúnen los veteranos que conocen a Ed, exclaman: "¿Qué hubiera pasado si hubiéramos logrado expulsar a Ed por blasfemo? ¿Qué hubiera sido de él y de todos aquellos a quienes más tarde él ayudó?"

Así fue como, en los primeros tiempos, la mano de la Providencia nos indicó que cualquier alcohólico es miembro de nuestra Sociedad cuando *él* lo diga.

Cuarta Tradición

"Cada grupo debe ser autónomo, excepto en asuntos que afecten a otros grupos o a A.A., considerado como un todo".

AUTONOMÍA es una palabra bien altisonante. Pero en lo que se refiere a nosotros, sólo quiere decir que cada grupo de A.A. puede llevar sus asuntos como mejor le convenga, excepto en los casos en que A.A. como un todo se vea amenazada. Ahora se nos presenta la misma pregunta que surgió en la Primera Tradición. ¿No es algo temerario y peligroso que los grupos tengan tanta libertad?

A lo largo de los años, se han probado todas las desviaciones imaginables de nuestros Doce Pasos y nuestras Doce Tradiciones. Era inevitable, dado que en general nosotros somos una banda de individualistas impulsados por ambiciones egoístas. Hijos del caos, de manera desafiadora hemos jugado con fuego repetidas veces, pero hemos salido ilesos y, según nos parece a nosotros, más sabios que antes. Esas mismas desviaciones constituyeron un vasto proceso de pruebas y tanteos, el cual, por la gracia de Dios, nos ha traído a donde nos encontramos hoy.

Cuando las Tradiciones de A.A. se publicaron por primera vez en 1946, habíamos llegado a estar convencidos de que un grupo de A.A. podría capear cualquier temporal. Nos dimos cuenta de que el grupo, al igual que el individuo, tendría finalmente que adherirse a los principios ya probados que garanticen su supervivencia. Habíamos descubierto que en este proceso de pruebas y tanteos había perfecta seguridad. Tanta confianza teníamos en este principio que en el enunciado original de esta tradición de A.A. aparecía la siguiente frase significativa: "Cuandoquiera que dos o tres alcohólicos se reúnan en interés de la sobriedad, podrán llamarse un grupo de A.A, con tal de que como grupo no tengan otra afiliación".

Claramente, esto significaba que se nos había otorgado el valor de reconocer a cada grupo de A.A. como una entidad individual, exclusivamente dependiente de su propia conciencia para guiar sus acciones. Al trazar nuestro rumbo por esa vasta extensión de libertad, sólo fue necesario indicar dos escollos a salvar: Un grupo de A.A. no debe hacer nada que pudiera causar grandes perjuicios a A.A. como un todo, ni debe afiliarse con nada ni con nadie. Correríamos un verdadero peligro si empezáramos a llamar a algunos grupos "mojados", y a otros "secos", a unos "Republicanos" o "Comunistas" y a otros "Católicos" o "Protestantes". Si el grupo de A.A. no mantuviera su rumbo, se perdería irremisiblemente. Su único objetivo tenía que ser la sobriedad. En todos los demás aspectos, tenía una completa libertad para decidir y actuar. Cada grupo tenía el derecho a equivocarse.

Cuando A.A. se hallaba aún en su infancia, comenzaron a formarse muchos grupos muy entusiastas. En cierto pueblo, surgió un grupo especialmente enérgico. La gente del pueblo también estaba entusiasmada por el asunto. Los ancianos, dejándose llevar por su fantasía, soñaban con ambiciosas innovaciones. Les parecía que al pueblo le hacía falta un gran centro de alcoholismo, una especie de proyecto piloto que sirviera de modelo a los A.A. de todas partes. En la planta baja tendrían un club, en el primer piso se desintoxicaría a los borrachos y se les daría dinero para pagar sus deudas atrasadas; el tercer piso estaría dedicado a un centro educativo—ajeno a toda clase de controversias, por supuesto. En sus fantasías, el resplandeciente edificio tendría varias plantas más, pero para empezar, tres serían suficientes. Todo esto supondría gastar mucho dinero—dinero de otras personas. Por mucho que cueste creerlo, a la gente rica del pueblo les pareció una idea fabulosa.

No obstante, entre los alcohólicos había unos cuantos disidentes conservadores. Estos disidentes escribieron a la Fundación*, la sede de A.A. en Nueva York, para saber si les parecía aconsejable este tipo de innovaciones. Se habían enterado de que los ancianos, para remachar las cosas, estaban a punto de solicitar a la Fundación que les concedieran una carta constitutiva. Estos pocos disidentes se sentían desconcertados y escépticos.

Naturalmente, no faltó un promotor en este asunto— un superpromotor. Con su elocuencia, apaciguó todos los temores, a pesar del consejo de la Fundación de que no podría conceder tal carta constitucional, y de que todas las empresas que en el pasado habían mezclado un grupo de A.A. con la medicina y la educación habían acabado mal en otros lugares. Para reducir los riesgos, el promotor organizó tres corporaciones y se hizo presidente de todas ellas. Recién pintado, el nuevo centro resplandecía. Su caluroso ambiente se difundió rápidamente por todo el pueblo. Muy pronto todo empezó a funcionar a las mil maravillas. Para asegurar un funcionamiento continuo e infalible, se adoptaron 61 reglas y reglamentos.

No obstante, esta brillante perspectiva no tardó en ensombrecerse. La confusión reemplazó a la serenidad. Se descubrió que algunos borrachos ansiaban educarse, pero dudaban de que fueran alcohólicos. Tal vez los defectos de personalidad de algunos otros se podrían curar con un préstamo. A algunos les entusiasmaba la idea del club, pero para ellos era cuestión de remediar sus carencias afectivas. A veces, la multitud de candidatos pasaban por los tres pisos.

---

*En 1954, se cambió el nombre de la Fundación Alcohólica al de la *General Service Board of Alcoholics Anonymous*, y la oficina de la Fundación es ahora la Oficina de Servicios Generales.

Algunos empezaban arriba e iban bajando hasta la planta baja para convertirse en miembros del club; otros empezaban en el club y, después de pescarse una borrachera, ingresaban en la planta de desintoxicación y luego ascendían al tercer piso para educarse. En cuanto a actividad, era como una colmena; pero a diferencia de la actividad de una colmena, todo era confusión. Un grupo de A.A., como tal, era sencillamente incapaz de encargarse de semejante proyecto. Esto se descubrió demasiado tarde. Entonces se produjo la inevitable explosión—como el día en que estalló la caldera de la fábrica de fuegos artificiales. El grupo se vio envuelto en una fría y opresiva nube de miedo y frustración.

Cuando se disipó, algo maravilloso había ocurrido. El promotor principal escribió una carta a la oficina de la Fundación, diciendo que ojalá hubiera prestado más atención a la experiencia de A.A. Luego hizo lo que llegaría a convertirse en algo clásico de A.A. Todo cabía en una tarjeta tamaño postal. En la cubierta decía: "Primer Grupo de Villanueva: Regla #62". Al desdoblar la tarjeta una sola frase mordaz saltaba a la vista: "No te tomes tan en serio, hombre".

De esta manera, un grupo de A.A., bajo el amparo de la Cuarta Tradición, había ejercido su derecho a equivocarse. Además, había prestado un gran servicio a Alcohólicos Anónimos, por haber estado humildemente dispuesto a aplicar las lecciones que había aprendido. Habían logrado sobreponerse con buen humor para seguir dedicándose a mejores cosas. Incluso el arquitecto principal, rodeado por las ruinas de su sueño, no pudo evitar reírse de sí mismo—y esto es el colmo de la humildad.

Quinta Tradición

"Cada grupo tiene un solo objetivo primordial—llevar el mensaje al alcohólico que aún está sufriendo".

"¡ZAPATERO a tus zapatos!" …más vale que hagas una cosa perfectamente bien que muchas mal hechas. Este es el tema central de esta tradición, el punto alrededor del cual toda nuestra Sociedad se congrega en unidad. La vida misma de nuestra Comunidad depende de la conservación de este principio.

Alcohólicos Anónimos se puede comparar a un grupo de médicos que tienen la posibilidad de encontrar una cura para el cáncer y de cuyos esfuerzos concertados dependería el remedio para los que sufren de esta enfermedad. Claro está que cada uno de los médicos de este grupo puede ser especialista además en otra rama de la medicina. De vez en cuando cada uno de los médicos en cuestión preferiría poder dedicarse a su propia especialidad en lugar de trabajar exclusivamente con el grupo. Pero una vez que hayan atinado con una curación, una vez que se ponga claramente de manifiesto que ésta sólo puede convertirse en realidad si ellos acuerdan aunar sus esfuerzos, entonces todos ellos se sentirían obligados a dedicarse exclusivamente al alivio de las víctimas del cáncer. En el resplandor de tal descubrimiento milagroso, cualquier médico pondría a un lado sus otras ambiciones, sea cual fuere el sacrificio personal que pueda suponer.

Los miembros de Alcohólicos Anónimos, que han demostrado que pueden ayudar a los bebedores problema como otros raramente pueden hacerlo, se ven en la misma obligación de trabajar juntos. La capacidad única de cada miembro de A.A. para identificarse con el principiante y conducirle hacia la recuperación no depende en absoluto de su cultura, su elocuencia ni de cualquier otra pericia particular. Lo único que cuenta es que él es un alcohólico que ha encontrado la clave de la sobriedad. Estos legados de sufrimiento y de recuperación se pasan fácilmente entre los alcohólicos, de uno a otro. Esto es nuestro don de Dios, y regalarlo a otros como nosotros es el único objetivo que hoy en día anima a los A.A. en todas partes del mundo.

Hay otro motivo para esta unicidad de propósito. La gran paradoja de A.A. es que sabemos que raras veces podemos conservar el precioso don de la sobriedad a menos que lo pasemos a otros. A un grupo de médicos que haya encontrado una cura para el cáncer, puede que les remordiera la conciencia si fracasaran en su misión por intereses egoístas. No obstante, tal fracaso no pondría en peligro su propia supervivencia. En nuestro caso, si descuidamos a los que todavía sufren, nuestras vidas y nuestro sano juicio se ven grave e incesantemente amenazados. Dado que nos encontramos sujetos a estos impulsos del instinto de conservación, de la responsabilidad y del amor, no es de extrañar que nuestra Sociedad haya llegado a la conclusión de que tiene una sola y alta misión—la de llevar el mensaje de A.A. a aquellos que no saben que hay una salida.

Para hacer resaltar la sabiduría de la unicidad de propósito de A.A., un miembro cuenta la siguiente historia:

"Sintiéndome inquieto un día, me pareció que sería conveniente hacer algún trabajo de Paso Doce para tener así una especie de seguro contra una recaída. Pero primero tendría que encontrar un borracho con quien trabajar.

"Tomé el subterráneo hasta el Hospital Towns y allí pregunté al Dr. Silkworth si tenía un posible candidato para mí. 'Nada muy prometedor', me dijo el pequeño doctor.

'Sólo hay un tipo en el tercer piso que tal vez sea una posibilidad. Pero es un irlandés muy rudo. Nunca he visto a nadie tan terco. Insiste a gritos que si su socio le tratara mejor y si su mujer le dejara en paz, muy pronto resolvería su problema con el alcohol. Ha sufrido un grave ataque de delirium tremens, tiene la mente bastante nublada, y desconfía de todo el mundo. No es un caso muy alentador. Pero puede que trabajar con él te sirva a ti de algo, así que ¿por qué no lo intentas?'

"Enseguida me encontré sentado al lado de un hombre muy corpulento. Sin la menor amabilidad, me miró fijamente con ojos que parecían ranuras en su cara roja e hinchada. No tuve más remedio que coincidir con la opinión del médico—desde luego, no parecía un caso muy alentador. No obstante, le conté mi historia. Le expliqué lo maravillosa que era la Comunidad que teníamos, lo bien que nos entendíamos unos a otros. Le recalqué con insistencia la desesperación del dilema del borracho. Insistí en que muy pocos borrachos podían recuperarse por sus propias fuerzas, pero que en nuestros grupos podíamos hacer juntos lo que no podíamos hacer por separado. Me interrumpió para burlarse de esto y me dijo que él solo podía arreglárselas con su mujer, con su socio y con su alcoholismo. Me preguntó en tono sarcástico, '¿Cuánto cuesta todo este enredo?'

"Me agradó mucho poder decirle, 'Ni un centavo'.

"Entonces me preguntó, Tú, ¿qué sacas de esto?'

"Naturalmente mi respuesta fue, 'Mi propia sobriedad, y una vida bien feliz'.

"Todavía dudoso, insistió, '¿de verdad quieres decir que tu único motivo para estar aquí es tratar de ayudarme a mí y ayudarte a ti mismo?'

"'Sí', le dije. 'Eso es todo lo que hay. No hay gato encerrado'.

"Entonces, con alguna vacilación, me aventuré a hablar del aspecto espiritual del programa. ¡La que me armó! Apenas me había salido de la boca la palabra 'espiritual',

se me echó encima: '¡Ahora caigo! Estás haciendo prose-
litismo para una de esas malditas sectas religiosas. ¿Cómo
puedes decirme que no hay gato encerrado? Soy miembro
de una gran religión que lo es todo para mí. ¿Cómo te atre-
ves a venir aquí a hablarme de religión?'

"Gracias a Dios se me ocurrió la respuesta apropiada. Estaba basada firmemente en el único objetivo de A.A. 'Tienes
fe', le dije. Tal vez una fe más profunda que la mía. Sin duda
tienes mejor formación en asuntos religiosos que yo. Así
que no puedo decirte nada acerca de la religión. Ni siquiera quiero intentarlo. Además, estoy seguro de que podrías
definirme la palabra humildad a la perfección. Pero por lo
que me has dicho acerca de ti y de tus problemas y cómo te
propones solucionarlos, creo que sé lo que anda mal'.

"'Muy bien', me dijo, 'dime lo que hay'.

"'Bueno', le dije, 'creo que no eres más que un irlandés
engreído que se cree capaz de dirigirlo todo'.

"Esto sí que le sentó como un tiro. Pero a medida que
se iba calmando, se puso a escuchar mientras yo trataba
de explicarle que la humildad era la clave principal de la
sobriedad. Por fin se dio cuenta de que yo no estaba tratando de cambiar sus opiniones religiosas, que yo quería que
encontrara en su propia religión la gracia que le ayudara
a recuperarse. De allí en adelante, nos empezamos a llevar
muy bien.

"'Imagínate', dice el veterano, 'lo que habría pasado si
yo hubiera estado obligado a hablarle de asuntos religiosos. O si hubiera tenido que decirle que a A.A. le hacía falta mucho dinero; que A.A. estaba metido en la educación,
en los hospitales y en la rehabilitación. O si yo me hubiera
ofrecido para echarle una mano para resolver sus asuntos
domésticos y de negocios. ¿A dónde habríamos llegado? A
ningún sitio, naturalmente".

Años más tarde, a este rudo irlandés le gustaba decir, "Mi
padrino me vendió una sola idea, la sobriedad. En aquel
momento, no podría haber comprado ninguna otra cosa".

Sexta Tradición

"Un grupo de A.A. nunca debe respaldar, finan-
ciar o prestar el nombre de A.A. a ninguna en-
tidad allegada o empresa ajena, para evitar que
los problemas de dinero, propiedad y prestigio
nos desvíen de nuestro objetivo primordial".

EN cuanto nos dimos cuenta de que teníamos una solución para el alcoholismo, era muy razonable (o así nos
parecía en aquel entonces) que creyéramos que tal vez teníamos la solución para otros muchos problemas. Muchos
opinaban que los grupos de A.A. podían dedicarse a los
negocios, podían financiar cualquier empresa en el campo
global del alcoholismo. De hecho, nos sentíamos obligados
a respaldar cualquier causa meritoria con toda la influencia que pudiera tener el nombre de A.A.

He aquí algunas de las cosas que soñábamos: Ya que
los alcohólicos no tenían muy buena acogida en los hospitales, construiríamos nuestra propia cadena de hospitales. Ya que a la gente le hacía falta que se le enseñara lo
que era el alcoholismo, educaríamos al público, e incluso volveríamos a redactar los libros de texto escolares y
médicos. íbamos a recoger a los alcohólicos desahuciados
de los barrios bajos, seleccionar a aquellos que pudieran
recuperarse y poner a los demás en una especie de cuaren-
tena donde pudieran ganarse la vida. Tal vez estos lugares
podrían producir grandes cantidades de dinero que pudiéramos utilizar para realizar otras buenas obras. Pensamos
seriamente en redactar de nuevo las leyes del país y hacer

que se reconociera a los alcohólicos como enfermos. Ya no se les encarcelaría; los jueces los pondrían en libertad condicional bajo nuestra custodia. Llevaríamos la luz de A.A. a las regiones oscuras de la drogadicción y de la criminalidad. Formaríamos grupos de gente deprimida y paranoica; cuanto más profunda fuera la neurosis, tanto mejor. Era evidente que, si se podía vencer el alcoholismo, se podría superar cualquier otro tipo de problema.

Se nos ocurrió que podríamos llevar lo que teníamos a las fábricas y hacer que los obreros y los capitalistas se amaran los unos a los otros. Nuestra absoluta honradez pronto purificaría la política. Abrazados por un lado a la religión y a la medicina por otro, reconciliaríamos sus diferencias. Ya que habíamos aprendido a vivir con tanta felicidad, podríamos enseñar a todos los demás a hacer lo mismo. Nuestra Sociedad de Alcohólicos Anónimos podría llegar a ser la vanguardia de una nueva avanzada espiritual. Podríamos transformar el mundo.

Sí, nosotros los A.A. teníamos estos sueños. Era natural que los tuviéramos, puesto que la mayoría de los alcohólicos somos idealistas en bancarrota. Casi todos nosotros habíamos tenido el deseo de hacer grandes bienes, realizar grandes obras, y encarnar grandes ideales. Todos somos perfeccionistas que, al no alcanzar la perfección, nos hemos ido al otro extremo y nos hemos conformado con la botella y el olvido. La Providencia, por medio de A.A., había puesto a nuestro alcance nuestras más altas esperanzas. ¿Por qué no compartir nuestra manera de vivir con todo el mundo?

Por lo tanto tratamos de establecer hospitales de A.A.— todos fracasaron porque no se puede hacer que un grupo de A.A. se dedicara a los negocios; demasiados cocineros entrometidos estropean el caldo. Los grupos de A.A. hicieron sus incursiones en el campo de la educación, y cuando empezaron a ensalzar públicamente los méritos de un método u otro, la gente se quedó con ideas muy confusas. ¿Se dedicaba A.A. a enderezar a los borrachos, o era un proyecto educativo? ¿Se interesaba A.A. en lo espiritual, o en la medicina? ¿Era un movimiento reformista? Para nuestra consternación, nos vimos casados con todo tipo de empresas, algunas buenas y otras no tan buenas. Al ver a los alcohólicos enviados de forma arbitraria a las prisiones o los manicomios, empezamos a gritar, "Debería haber una ley". Los A.A. se pusieron a clamar en las sesiones de los comités legislativos, haciendo una campaña en favor de reformar las leyes. Sirvió como buen material para la prensa, pero para poco más. Nos dimos cuenta de que muy pronto nos veríamos enmarañados en la política. Aun dentro de A.A. nos resultó imperativo eliminar el nombre de A.A. de los clubes y de las casas de Paso Doce.

A raíz de estos episodios nació en nosotros la profunda convicción de que, bajo ningún concepto, podíamos respaldar a ninguna empresa allegada, por muy buena que fuese. Nosotros los Alcohólicos Anónimos no podíamos serlo todo para todos, ni debíamos tratar de serlo.

Hace años, este principio de "no respaldo" se vio sometido a una prueba crucial. Algunas de las grandes destilerías de alcohol tuvieron la intención de meterse en el campo de educación sobre el alcohol. Creían que sería una buena cosa que los fabricantes de licor demostraran al público su sentido de responsabilidad. Querían decir que no se debía abusar del licor, sino disfrutarlo; la gente muy bebedora debería moderarse, y los bebedores problema—los alcohólicos—no deberían beber en absoluto.

En una de sus asociaciones comerciales, se planteó la cuestión de cómo se debería proceder con esta campaña. Naturalmente, iban a valerse de la radio, la prensa y el cine para exponer sus puntos de vista. Pero ¿qué tipo de persona debe dirigir esa campaña? Inmediatamente pensaron en Alcohólicos Anónimos. Si pudieran encontrar entre nosotros a un buen agente de relaciones públicas, ¿no sería él la persona ideal? Sin duda conocería el problema. Su conexión con A.A. sería muy valiosa, porque la Comunidad era muy bien vista por el público y no tenía ni un solo enemigo en el mundo.

No tardaron en encontrar al hombre idóneo, un A.A. con la experiencia necesaria. Enseguida él se presentó en la sede de A.A. en Nueva York a preguntar, "¿Hay algo en nuestra tradición que sugiera que no debo aceptar un trabajo como éste? Esta clase de educación me parece buena, y no es un asunto muy controversial. ¿Les parece a ustedes que puede haber alguna pega?"

A primera vista, parecía una buena cosa. Luego empezaron a insinuarse las dudas. La asociación quería emplear el nombre completo de nuestro miembro en toda su publicidad; iban a describirlo como director de publicidad de la campaña y como miembro de Alcohólicos Anónimos. Naturalmente, no podría haber la menor objeción si una asociación contratara a un miembro de A.A. únicamente por su talento en las relaciones públicas y sus conocimientos sobre el alcoholismo. Pero eso no era todo, porque en este caso un miembro de A.A. no solamente iba a romper su anonimato al nivel público, sino que también iba a vincular en las mentes de millones de personas el nombre Alcohólicos Anónimos con este proyecto educativo. Habría de causar la impresión de que ahora A.A. estaba respaldando la educación—al estilo de la asociación de los comerciantes de licores.

En cuanto vimos lo que realmente significaba este hecho comprometedor, le pedimos su parecer al candidato a director de publicidad. "¡Caramba!" dijo. "Claro que no puedo aceptar el puesto. Antes de que se secara la tinta del primer anuncio, los partidarios de la prohibición estarían expresando a gritos su indignación. Saldrían a buscar a un A.A. honrado que abogara por *su* estilo de educación. A.A. se encontraría justo en medio de la controversia entre los *secos* y los *mojados*. La mitad de la gente del país creería que habríamos tomado partido por los *secos*, la otra mitad que nos habríamos unido a los *mojados*. ¡Menudo lío!"

"No obstante", le dijimos, "tienes el derecho legal de aceptar este trabajo".

"Ya lo sé", contestó. "Pero no es hora de fijarnos en le-
galidades. Alcohólicos Anónimos me salvó la vida, y su
bienestar tiene para mí la prioridad. No seré yo quien vaya
a meter A.A. en un gran problema, y si aceptara, lo haría".

En lo concerniente a los respaldos, nuestro amigo lo
ha dicho todo. Con mayor claridad que nunca, nos dimos
cuenta de que no podríamos prestar el nombre de A.A. a
ninguna causa que no fuera la nuestra.

Séptima Tradición

"Todo grupo de A.A. debe mantenerse com-
pletamente a sí mismo, negándose a recibir
contribuciones de afuera".

¿ALCOHÓLICOS que se mantienen a sí mismos? ¿Quién
ha oído hablar nunca de semejante cosa? No obstante, nos
damos cuenta de que así tenemos que ser. Este principio
es una prueba contundente de la profunda transformación
que A.A. ha obrado en todos nosotros. Todo el mundo sabe
que los alcohólicos activos insisten a gritos que no tienen
ningún problema que el dinero no pueda solucionar. Siempre hemos andado con la mano extendida. Desde tiempo
inmemorial, hemos dependido de alguien, normalmente en
cuestiones de dinero. Cuando una sociedad compuesta exclusivamente de alcohólicos dice que va a pagar todos sus
gastos, eso sí que es una verdadera noticia.

Quizás ninguna de las Tradiciones de A.A. causara tanto dolor de parto como ésta. En los primeros días, todos
estábamos sin fondos. Si a esto se le añade la habitual suposición de que la gente debe dar dinero a los alcohólicos
que se esfuerzan por mantenerse sobrios, se puede entender por qué creíamos merecer un montón de billetes. ¡La de
cosas tan magníficas que pudiera hacer A.A. con todo este
dinero! Pero, por curioso que parezca, la gente que tenía
dinero pensaba lo contrario. Les parecía que ya era hora de
que nosotros—ahora que estábamos sobrios—pagásemos
nuestras propias cuentas. Así que nuestra Comunidad se
quedó pobre porque así tenía que ser.

Había otra razón para nuestra pobreza colectiva. No tardó en hacerse evidente que si bien los alcohólicos gastaban dinero pródigamente en casos de Paso Doce, tenían una tremenda aversión a echar dinero en el sombrero que se pasaba en las reuniones para sufragar los gastos de grupos. Nos sorprendió descubrir lo tacaños que éramos. Así que A.A., el movimiento, empezó y permaneció pobre, mientras que los miembros individuales se hicieron cada vez más prósperos.

Lo cierto es que los alcohólicos son gente de todo-o-nada. Nuestra reacción en cuanto al dinero parece demostrarlo. A medida que A.A. pasaba de la infancia a la adolescencia, fuimos abandonando la idea de que necesitábamos grandes sumas de dinero y llegamos al otro extremo, diciendo que a A.A. no le hacía falta el dinero en absoluto. De todas las bocas salían estas palabras: "A.A. y el dinero no pueden mezclarse. Tendremos que separar lo espiritual de lo material". Cambiamos de rumbo tan bruscamente porque por aquí y por allá algunos miembros habían tratado de valerse de sus conexiones A.A. para ganar dinero, y temíamos que fueran a aprovecharse de nosotros. En ocasiones, algunos benefactores agradecidos nos habían dotado con un local para un club y, como consecuencia, a veces había interferencia ajena en nuestros asuntos. Se nos donó un hospital y casi inmediatamente, el hijo del donante se presentó como su principal paciente y aspirante a gerente. A un grupo de A.A. se le entregó cinco mil dólares para hacer con este dinero lo que quisiera. Las peleas que provocó este dinero siguieron haciendo estragos en el grupo durante años. Asustados por estas complicaciones, algunos grupos se negaron a tener ni un centavo en sus arcas.

Pese a tales inquietudes, tuvimos que reconocer el hecho de que A.A. tenía que funcionar. Los locales para reuniones nos costaban algo. Para evitar la confusión en regiones enteras, era necesario establecer pequeñas oficinas, instalar teléfonos y contratar a algunas secretarias a sueldo. A pesar de las muchas protestas, se logró hacer estas cosas. Nos dimos cuenta de que si no se hicieran, el nuevo que llegaba a nuestras puertas no tendría su oportunidad de recuperarse. Prestar estos sencillos servicios supondría incurrir en algunos pequeños gastos, que podríamos pagar nosotros mismos, y así lo haríamos. Por fin el péndulo dejó de oscilar y señaló directamente a la Séptima Tradición tal y como la conocemos hoy día.

A este respecto, a Bill le gusta contar la siguiente historia, que tiene su moraleja. Dice que cuando en 1941 apareció en el *Saturday Evening Post* el artículo de Jack Alexander, miles de angustiosas cartas de alcohólicos y familiares desesperados llegaron al buzón de la Fundación* en Nueva York. "El personal de nuestra oficina", cuenta Bill, "estaba compuesto por dos personas: una secretaria dedicada y yo. ¿Cómo íbamos a responder a esta avalancha de solicitudes? Sin duda, tendríamos que contratar a más empleados a sueldo. Así que pedimos contribuciones voluntarias a los grupos de A.A. ¿Nos enviarían un dólar por miembro al año? Si no, estas cartas conmovedoras tendrían que quedarse sin respuesta.

"Para mi asombro, los grupos tardaron en responder. Me puse bien airado. Un día, al contemplar este montón de cartas, andaba yendo y viniendo por la oficina, quejándome de lo irresponsables y tacaños que eran mis compañeros. En ese mismo momento, vi asomarse por la puerta la cabeza desgreñada y dolorida de un viejo conocido. Era nuestro campeón de recaídas. Podía notar que tenía una tremenda resaca. Al recordar algunas de las mías, se me llenó el corazón de compasión. Le señalé que pasara a mi cubículo y saqué un billete de cinco dólares. Como mis ingresos semanales eran de treinta dólares en total, éste era un donativo considerable. A Lois le hacía falta el dinero para comprar

---

* En 1954, se cambió el nombre de la Fundación Alcohólica al de la *General Service Board of Alcoholics Anonymous*, y la oficina de la Fundación es ahora la Oficina de Servicios Generales.

comida, pero eso no me detuvo. El profundo alivio que se reflejó en la cara de mi amigo me alegró el corazón. Me sentía especialmente virtuoso al pensar en todos los ex borrachos que ni siquiera nos mandaban un dólar cada uno a la Fundación, mientras yo gustosamente estaba haciendo una inversión de cinco dólares para remediar una resaca.

"La reunión de esa noche se celebró en el viejo Club de la Calle 24 de Nueva York. Durante el intermedio, el tesorero dio una tímida charla acerca del penoso estado de las finanzas del club. (Esto era en la época en que no se podía mezclar el dinero y A.A.) Pero finalmente lo soltó—el casero nos pondría en la calle si no pagábamos. Terminó sus observaciones diciendo, 'Bueno, muchachos, cuando se pase el sombrero esta noche, por favor, sean un poco más generosos'.

"Oí claramente sus palabras, mientras con todo fervor trataba de convertir a un recién llegado sentado a lado mío. El sombrero llegó a donde yo me encontraba, y metí la mano en el bolsillo. Mientras seguía hablando con el nuevo, me rebuscaba el bolsillo y saqué una moneda de cincuenta centavos. Por alguna razón, me pareció una moneda muy grande. Sin vacilar, la volví a meter en el bolsillo y saqué una de diez centavos que tintineó tímidamente al caer en el sombrero. En aquel entonces, nunca se echaban billetes en el sombrero.

"Entonces se me abrieron los ojos. Yo, que esa misma mañana, me había jactado de mi generosidad, me estaba portando con mi propio club peor que los lejanos alcohólicos que se habían olvidado de enviar sus dólares a la Fundación. Me di cuenta de que mi donativo de cinco dólares al campeón de recaídas no era sino una cuestión de engordar mi propio ego, malo para él y peor para mí. *Había* un lugar en A.A. donde la espiritualidad y el dinero sí podían mezclarse: en el sombrero".

Hay otra historia que trata del dinero. Una noche de 1948, los custodios de la Fundación estaban celebrando su reunión trimestral. En la agenda se incluía un asunto muy importante para discutir. Cierta dama había fallecido. Al

dar lectura a su testamento, se descubrió que había dejado a Alcohólicos Anónimos, con la Fundación Alcohólica
como fiduciario, un legado de diez mil dólares. La cuestión
era: ¿Debería A.A. aceptar tal regalo?

¡Vaya debate que se armó! En ese momento la Fundación se encontraba muy mal de dinero; los grupos no mandaban lo suficiente para el mantenimiento de la oficina;
incluso añadiendo los ingresos producidos por el libro, no
alcanzábamos a cubrir los gastos. Las reservas se estaba
derritiendo como la nieve en primavera. Necesitábamos
esos diez mil dólares. "Puede ser", dijo alguien, "que los
grupos nunca lleguen a mantener completamente a la oficina. No podemos permitir que se cierre; es de una importancia crucial. Sí, aceptemos el dinero. Aceptemos todos
los futuros donativos. Vamos a necesitarlos".

Entonces se expresó la oposición. Señalaron que la junta
de la Fundación ya sabía de un total de medio millón de dólares legados a A.A. en los testamentos de personas que estaban todavía vivas. Sólo Dios sabría cuánto más dinero se
nos habría legado y del que aun no nos habíamos enterado.
Si no nos negábamos a aceptar, absoluta y firmemente, las
donaciones ajenas, un día la Fundación llegaría a ser rica.
Además, a la menor insinuación al público por parte de
nuestros custodios de que necesitábamos dinero, nos haríamos inmensamente ricos. Comparados con esa perspectiva,
los diez mil dólares bajo consideración eran cosa de poco;
no obstante, al igual que el primer trago de un alcohólico,
si lo tomábamos, provocaría inevitablemente una desastro-
sa reacción en cadena. ¿Y dónde acabaríamos entonces? El
que paga, manda, y si la Fundación Alcohólica obtuviera
dinero de fuentes ajenas, sus custodios podrían verse tentados a llevar nuestros asuntos sin tener en cuenta los deseos
de A.A. como un todo. Librado de esta responsabilidad,
cada alcohólico se encogería de hombros y diría, "La Fundación es rica—¿por qué voy a molestarme?" Con toda seguridad, la presión de tener unas arcas tan repletas tentaría

a la junta a idear todo tipo de proyectos para efectuar buenas obras, y así desviaría a A.A. de su objetivo primordial. En cuanto ocurriera esto, la confianza de la Comunidad se vería mermada. La junta se encontraría aislada, y sometida a la dura crítica por parte de A.A. y del público en general. Estas eran las posibilidades, en pro y en contra.

Entonces, nuestros custodios escribieron una página brillante en la historia de A.A. Se manifestaron en favor del principio de que A.A. debe permanecer siempre pobre. De allí en adelante, la política financiera de la Fundación sería tener lo justo para cubrir los gastos de operación más una reserva prudente. Aunque era difícil hacerlo, la junta oficialmente se negó a aceptar los diez mil dólares y adoptó formalmente la resolución irrebatible de negarse a aceptar todo donativo similar en el futuro. En ese momento, creemos, quedó firme y definitivamente incrustado en la tradición de A.A. el principio de pobreza corporativa.

Cuando se publicaron estos hechos, hubo una reacción profunda. A la gente acostumbrada a un sinfín de campañas para recaudar fondos con propósitos caritativos, A.A. les presentaba un espectáculo curioso y renovador. Los editoriales favorables que aparecieron en la prensa aquí y en ultramar generaron una ola de confianza en la integridad de Alcohólicos Anónimos. Hicieron notar que los irresponsables se habían convertido en responsables y que al incorporar el principio de independencia financiera como parte de su tradición, Alcohólicos Anónimos había resucitado un ideal ya casi olvidado en su época.

Octava Tradición

"Alcohólicos Anónimos nunca tendrá carácter profesional, pero nuestros centros de servicio pueden emplear trabajadores especiales".

ALCOHÓLICOS ANÓNIMOS nunca tendrá una clase profesional. Hemos llegado a captar el significado del antiguo dicho "Libremente hemos recibido, libremente debemos dar". Nos hemos dado cuenta de que en lo referente al profesionalismo, el dinero y la espiritualidad no se pueden mezclar. Los mejores profesionales del mundo, tanto en el campo de la medicina como en el de la religión, no han logrado efectuar casi ninguna recuperación del alcoholismo. No desacreditamos el profesionalismo en otros campos, pero aceptamos el hecho real de que en nuestro caso no da resultados. Cada vez que hemos tratado de profesionalizar nuestro Paso Doce, el resultado ha sido siempre el mismo: Nuestro único propósito ha salido derrotado.

Los alcohólicos simplemente no harán caso de un trabajador de Paso Doce a sueldo. Casi desde el principio, hemos estado convencidos de que el trabajo personal con otro alcohólico que sufre sólo puede basarse en el deseo de ayudar y de ser ayudado. Cuando un A.A. habla por dinero, ya sea en una reunión o a un recién llegado, también puede tener en él un efecto perjudicial. El aliciente del dinero le compromete a él y a todo lo que diga y haga por el principiante. Esto ha sido siempre tan evidente que muy pocos A.A. han hecho alguna vez un trabajo de Paso Doce a cambio de una remuneración.

A pesar de esta evidencia, es cierto que pocos temas han suscitado más disputas dentro de nuestra Comunidad que el del profesionalismo. Los encargados de barrer el piso, los cocineros que preparan hamburguesas, las secretarias de las oficinas, los escritores de libros—todos ellos han sido objeto de fuertes ataques porque, según sus críticos, "estaban haciendo dinero a costa de A.A." Sin tener en cuenta que éstos no eran en absoluto trabajos de Paso Doce, los críticos acusaban de ser profesionales de A.A. a estos trabajadores nuestros, quienes muy a menudo se ocupaban de las tareas ingratas que nadie más quería o podía hacer. Se provocó un furor aun más grande cuando los miembros de A.A. empezaron a dirigir casas de reposo y granjas de convalecencia para los alcohólicos, cuando algunos aceptaron puestos asalariados en la industria como directores de personal, encargados del problema del alcoholismo entre los empleados, y otros como enfermeros en los pabellones de alcoholismo, y cuando otros más se dedicaron al campo de educación sobre el alcoholismo. En todos estos casos, y otros muchos, se alegaba que se estaban vendiendo por dinero la experiencia y los conocimientos de A.A., y por lo tanto, estas personas también eran profesionales.

No obstante, por fin podía verse una clara línea divisoria entre el profesionalismo y el no profesionalismo. Cuando convinimos en que no se podía hacer el trabajo de Paso Doce a cambio de dinero, tomamos una sabia decisión. Pero cuando dijimos que nuestra Comunidad no podía contratar a trabajadores especiales, ni ningún miembro podía llevar nuestros conocimientos a otros campos, estábamos aceptando el consejo del temor, un temor que, hoy en día, se ha disipado en gran parte ante la luz de la experiencia.

Consideremos, por ejemplo, el caso del conserje y del cocinero del club. Para poder funcionar, un club tiene que ser habitable y hospitalario. Intentamos utilizar voluntarios, pero pronto se sintieron desencantados al verse barriendo suelos y haciendo café siete días a la semana. Simplemente dejaron de presentarse. Aun más importante, un club vacío no podía contestar el teléfono, y era una invitación abierta para un borracho de parranda que tuviera la llave. Así que había que contratar a alguien que cuidara del local. Si contratáramos a un alcohólico, recibiría un pago igual al que tuviéramos que dar a un no alcohólico por el mismo trabajo. El puesto no era para hacer el trabajo de Paso Doce, sino para facilitar que el trabajo de Paso Doce se hiciera. No era sino una simple cuestión de servicios especiales.

Tampoco A.A. podría funcionar sin trabajadores especiales a sueldo. En las oficinas de la Fundación* y de los intergrupos, no podíamos emplear a personas no alcohólicas para trabajar como secretarias; necesitábamos personas que conocieran bien el programa de A.A. Pero en cuanto los contratamos, los ultraconservadores y los temerosos gritaron, "¡Profesionalismo!" En una época, la situación de estos fieles servidores era casi insoportable. No se les pedía hablar en las reuniones de A.A., porque "estaban haciendo dinero a costa de A.A." A veces, sus compañeros incluso evitaban su compañía. Aun los más caritativos los describían como un "mal necesario". Los comités se aprovecharon de lleno de esta actitud para reducir sus salarios. Podían recuperar parte de su virtud, se creía, si trabajaban para A.A. por un sueldo miserable. Durante muchos años, estas ideas persistían. Entonces, nos dimos cuenta de que una secretaria muy trabajadora que contestaba al teléfono docenas de veces al día, que escuchaba a veinte esposas lloronas, que tomaba disposiciones para hospitalizar a diez principiantes y para conseguirles padrinos, y que trataba de manera muy diplomática al borracho iracundo que se quejaba de cómo ella hacía su trabajo y de lo excesivo que era su sueldo, a ella difícilmente se le podía considerar como una profesional de A.A.

---

* En 1954, se cambió el nombre de la Fundación Alcohólica al de la *General Service Board of Alcoholics Anonymous*, y la oficina de la Fundación es ahora la Oficina de Servicios Generales.

No estaba profesionalizando el Paso Doce; simplemente lo estaba facilitando. Estaba contribuyendo a procurar que el hombre que llegaba a nuestra puerta tuviera la oportunidad que merecía. Los ayudantes y miembros de comité voluntarios podían ser de gran utilidad, pero no se podía esperar que ellos desempeñaran estas tareas día tras día.

En la Fundación, se vuelve a repetir la misma historia. Ocho toneladas de libros y literatura al mes no se empaquetan ni se envían a sí mismos a todas partes del mundo. Montones de cartas que tratan de cualquier problema de A.A. imaginable, desde el solitario esquimal hasta los dolores de crecimiento de miles de grupos, tienen que ser contestadas por gente que sepa del asunto. Hay que mantener los contactos apropiados con el mundo exterior. Hay que vigilar y cuidar de las cuerdas de salvamento de A.A. Así que contratamos a miembros de A.A. como miembros del personal de la oficina. Les pagamos bien, y se ganan su sueldo. Son secretarios profesionales*, pero no son profesionales de A.A.

Quizás todo miembro de A.A. albergue para siempre en su corazón el vago temor de que algún día alguien explote nuestro nombre con ánimos de lucro personal. La mera insinuación de tal cosa siempre suele desatar un huracán, y hemos descubierto que los huracanes atacan con igual furia a los justos y a los injustos. No son nunca razonables.

No hay individuos que hayan sido más zarandeados por estas tempestades emocionales que aquellos A.A. que se han atrevido a aceptar empleo con agencias ajenas que tratan del problema del alcohol. Una universidad quería que un miembro de A.A. educara al público sobre el alcoholismo. Una compañía buscaba a un encargado de personal familiarizado con el tema. Una granja estatal para borrachos buscaba a un gerente que supiera tratar con los borrachos.

---

* El tipo de trabajo que realizan los miembros del personal en la actualidad no tiene equivalente en las empresas comerciales. Estos miembros de A.A. aportan a su servicio en la O.S.G. una amplia variedad de experiencia profesional y de negocios.

Una ciudad buscaba a un asistente social experimentado que supiera bien los efectos que el alcohol puede tener en la familia. Una comisión estatal sobre el alcohol buscaba a un investigador a sueldo. Estos sólo son algunos de los trabajos que se les han ofrecido a los miembros de A.A. a título individual. De vez en cuando, miembros de A.A. han comprado casas de convalecencia o granjas de reposo donde los borrachos maltrechos podían encontrar el cuidado que necesitaban. La pregunta era—y a veces todavía es—¿se puede calificar de profesionalismo a estas actividades según la tradición de A.A.?

Creemos que la respuesta es "No. Los miembros que eligen este tipo de ocupación no profesionalizan el Paso Doce de A.A." El camino que nos llevó a esta conclusión fue largo y rocoso. Al comienzo, no podíamos ver el quid de la cuestión. En días anteriores, en el momento en que un A.A. aceptó un empleo en una empresa de esta índole, se sentía inmediatamente tentado de utilizar el nombre de Alcohólicos Anónimos con fines de publicidad o para recoger fondos. Las granjas de tratamiento, las empresas educativas, las legislaturas estatales y las comisiones publicaron el hecho de que tenían miembros de A.A. a su servicio. Con total ingenuidad, los A.A. que trabajaban en estas empresas rompían imprudentemente su anonimato, haciendo publicidad para su proyecto predilecto. Por esta razón, algunas buenas causas y todos sus allegados se veían sometidos a una crítica injusta por parte de los grupos de A.A. En la mayoría de los casos, estos ataques iban precedidos por el grito "¡Profesionalismo! Este hombre está ganando dinero a costa de A.A." No obstante, no se había contratado a ninguno de ellos para hacer el trabajo de Paso Doce de A.A. En estos casos, la violación no era el profesionalismo, era el romper el anonimato. Se había comprometido el único objetivo de A.A. y se había abusado del nombre de Alcohólicos Anónimos.

Es significativo que, ahora que casi ningún miembro de nuestra Comunidad rompe su anonimato al nivel público, casi todos estos temores han desparecido. Nos damos cuenta de que no tenemos ningún derecho—y no hay ninguna necesidad—de desanimar a los A.A. que desean trabajar como particulares en estos amplios campos. De hecho, prohibírselo sería un gesto antisocial. No podemos declarar que A.A. sea una sociedad tan cerrada que guardemos nuestra experiencia y nuestros conocimientos como secretos de estado. Si un miembro de A.A., a título particular, puede llegar a ser un mejor investigador, educador, jefe de personal, ¿por qué no dejar que lo sea? Todo el mundo sale ganando, y nosotros no perdemos nada. Es cierto que algunos de los proyectos a los cuales se han vinculado los miembros de A.A. han sido mal concebidos, pero eso no tiene nada que ver con el principio que estamos considerando.

Esta es la emocionante serie de acontecimientos de la que ha surgido la Tradición de no profesionalismo de A.A. Nunca se debe pagar por hacer el trabajo de Paso Doce, pero aquellos que trabajan en nuestro servicio son dignos de su sueldo.

Novena Tradición

"A.A. como tal nunca debe ser organizada; pero podemos crear juntas o comités de servicio que sean directamente responsables ante aquellos a quienes sirven".

EN su primera versión, la Novena Tradición decía: "Alcohólicos Anónimos debe tener el mínimo posible de organización". Desde aquel entonces, hemos cambiado de opinión. Hoy, podemos decir con seguridad que Alcohólicos Anónimos—A.A. como un todo—nunca debe organizarse en absoluto. Luego, en aparente contradicción, procedemos a crear juntas de servicio especiales y comités que están en sí organizados. ¿Cómo es posible, entonces, tener un movimiento no organizado que pueda crear, y que de hecho cree para sus operaciones una organización de servicio? Al contemplar esta contradicción, la gente dice, "¿Qué quieren decir con esto de no tener organización?"

Bueno, vamos a ver. ¿Ha oído alguien hablar de una nación, una religión, un partido político o incluso una asociación benéfica que no tenga reglas para hacerse miembro? ¿Ha oído alguien hablar de una sociedad que no pueda disciplinar a sus miembros, ni obligarles a obedecer sus reglas y reglamentos necesarios? ¿No es cierto que casi toda sociedad concede autoridad a algunos de sus miembros para imponer obediencia a los demás y para castigar o expulsar a los infractores? Por lo tanto, toda nación, de hecho toda forma de sociedad, tiene que ser un gobierno administrado por seres humanos. En todas partes, el poder para dirigir o gobernar es la esencia de la organización.

Pero Alcohólicos Anónimos es una excepción. No sigue esta pauta. Ni su Conferencia de Servicios Generales, ni la Junta de la Fundación,* ni el más humilde comité de grupo puede dar ninguna orden a ningún miembro de A.A. y hacer que se cumpla, ni mucho menos imponer un castigo. Hemos intentado hacerlo muchas veces, pero el resultado siempre ha sido un fracaso total. Los grupos han tratado de expulsar a algunos miembros, pero los expulsados han regresado al lugar de la reunión y han dicho: "Para nosotros esto es la vida; no pueden prohibirnos la entrada". Algunos comités han dado instrucciones a muchos miembros para que dejen de trabajar con una persona que recae constantemente, sólo para tener como respuesta: "La forma en que hago el trabajo de Paso Doce es asunto mío. ¿Quiénes son ustedes para juzgarme?" Esto no significa que un A.A. no vaya a aceptar consejos o sugerencias de miembros más experimentados; pero, sin duda, no aceptará órdenes. ¿Quién es menos popular que el A.A. veterano, lleno de sabiduría, que se traslada a otra área y trata de decir al grupo de allí cómo debe funcionar? Él y todos los que, como él, "miran con alarma por el bien de A.A.", no encuentran sino la resistencia más obstinada o, peor aún, la risa.

Se podría creer que la sede de A.A. en Nueva York sería una excepción. La gente de allí tendría que tener alguna autoridad. Pero ya hace tiempo que tanto los custodios como los miembros del personal se dieron cuenta de que no podían hacer más que ofrecer sugerencias, y además ofrecerlas de forma muy suave. Incluso tuvieron que inventar un par de frases que todavía aparecen en la mitad de las cartas que escriben: "Claro que tienes perfecta libertad

---

* En 1954, se cambió el nombre de la Fundación Alcohólica al de la *General Service Board of Alcoholics Anonymous*, y la oficina de la Fundación es ahora la Oficina de Servicios Generales.

de manejar este asunto como mejor te parezca. Pero en su mayor parte, la experiencia de A.A. parece indicar que…" Esta actitud dista mucho de la de un gobierno central, ¿verdad? Bien sabemos que no se les puede imponer mandatos a los alcohólicos—ni individual ni colectivamente.

En esta coyuntura, podemos oír exclamar a un clérigo, "¡Están convirtiendo la desobediencia en una virtud!" El siquiatra se le une diciendo, "¡Desafiantes malcriados. No quieren comportarse como adultos y amoldarse a las normas sociales!" El hombre de la calle dice, "¡No lo entiendo. Deben de estar chiflados!" Pero a todos estos observadores se les ha pasado por alto algo único de Alcohólicos Anónimos. A menos que cada miembro de A.A. siga como mejor pueda nuestros Doce Pasos de Recuperación sugeridos, es casi seguro que ha firmado su propia sentencia de muerte. Sus borracheras y su disolución no son castigos impuestos por gente con autoridad; son el resultado de su propia desobediencia a principios espirituales.

Esta misma severa amenaza se cierne sobre el grupo. A menos que se esfuerce por observar las Doce Tradiciones de A.A., el grupo también puede deteriorarse y morir. Por lo tanto, nosotros los A.A. obedecemos principios espirituales, primero porque tenemos que hacerlo y por último porque nos agrada la manera de vivir que es el fruto de esta obediencia. Los grandes sufrimientos y el amor profundo son nuestros disciplinarios; no necesitamos otros.

Ahora está claro que nunca debemos nombrar juntas para gobernarnos; y está igualmente claro que siempre tendremos que autorizar a trabajadores para que nos sirvan. Es la diferencia entre el espíritu de autoridad conferida y el espíritu de servicio, dos conceptos que a veces son polos opuestos. Con este espíritu de servicio, elegimos los comités rotativos de los grupos de A.A., la asociación intergrupal del área y la Conferencia de Servicios Generales de Alcohólicos Anónimos para A.A. como un todo. Incluso nuestra Fundación, que en el pasado era una junta independiente, hoy día es directamente responsable ante nuestra Comunidad. Sus miembros son los custodios de nuestros servicios mundiales y quienes los hacen funcionar con la mayor eficacia posible.

Así como el objetivo de cada miembro de A.A. es la sobriedad personal, el objetivo de nuestros servicios es poner la sobriedad al alcance de todos los que la quieren. Si nadie hiciera las tareas del grupo, si nadie atendiera al teléfono de la oficina del área, si no contestáramos las cartas que nos llegan, A.A., como la conocemos, cesaría de funcionar. Se cortarían nuestras líneas de comunicación con aquellos que necesitan nuestra ayuda.

A.A. tiene que funcionar, pero al mismo tiempo tiene que evitar los peligros de la gran riqueza, el prestigio y el poder arraigado que, para otras sociedades, necesariamente son una tentación. Aunque a primera vista puede parecer que la Novena Tradición trata de una cuestión plenamente práctica, en su aplicación concreta revela una sociedad sin organización, animada únicamente por el espíritu de servicio—una auténtica comunidad.

Décima Tradición

"Alcohólicos Anónimos no tiene opinión acerca de asuntos ajenos a sus actividades; por consiguiente su nombre nunca debe mezclarse en polémicas públicas".

NUNCA desde sus comienzos se ha visto Alcohólicos Anónimos dividida por una gran controversia. Ni tampoco nuestra Comunidad jamás ha tomado partido públicamente en ninguna polémica de este mundo turbulento. Sin embargo, esto no ha sido una virtud adquirida. Casi se podría decir que nacimos con ella, porque, como dijo recientemente un veterano, "Muy rara vez he oído a los miembros de A.A. discutir acaloradamente entre sí cuestiones de religión, política o reforma. Mientras no discutamos sobre estos asuntos en privado, podemos contar con que no lo haremos en público".

Como si estuviéramos guiados por algún instinto profundo, los A.A. hemos sabido desde el mismo principio que, fuera cual fuera la provocación, jamás debemos tomar partido públicamente en ninguna querella, por muy noble que fuese. La historia nos presenta el espectáculo de naciones y grupos enredados en conflictos que acabaron finalmente destrozados por haberse originado en controversias o por haber caído en la tentación de participar en ellas. Otros se derrumbaron debido a su fanática rectitud, al intentar imponer en el resto de la humanidad unos ideales de su propia invención. En nuestros tiempos, hemos visto morir a millones de personas en guerras políticas o económicas, a menudo provocadas por diferencias religiosas o raciales. Vivimos bajo el inminente peligro de un nuevo holocausto encendido con motivo de determinar cómo deben gobernarse los hombres, y cómo deben repartirse entre ellos los frutos de la naturaleza y de sus labores. Este es el clima espiritual en el que nació A.A. y en el que, por la gracia de Dios, a pesar de todo, ha florecido.

Recalquemos que esta aversión a pelearnos entre nosotros o con los demás, no la consideramos como una virtud especial que nos hace sentir superiores a otra gente. Ni tampoco quiere decir que los miembros de Alcohólicos Anónimos, ahora restablecidos como ciudadanos del mundo, vayan a evadir su responsabilidad individual de actuar según les parece apropiado con respecto a las cuestiones de nuestra época. Pero cuando se trata de A.A. como un todo, es un asunto muy diferente. No nos metemos en controversias públicas, porque sabemos que nuestra Sociedad perecerá si lo hacemos. Creemos que la supervivencia y el crecimiento de Alcohólicos Anónimos tienen mucho más importancia que la influencia que colectivamente pudiéramos tener a favor de cualquier otra causa. Ya que la recuperación del alcoholismo significa para nosotros la vida misma, es imperativo que conservemos en su plena potencia nuestro medio de sobrevivir.

Puede que esto cause la impresión de que los alcohólicos de A.A. han llegado repentinamente a un armonía perfecta y se han convertido en una gran familia feliz. Claro que no es así. Por ser seres humanos, tenemos nuestras riñas. Antes de alcanzar un poco de estabilidad, A.A. parecía más que nada una riña colosal, al menos en la superficie. El director de una empresa, que acababa de votar en pro de un desembolso de cien mil dólares, llegaba a una reunión de trabajo de A.A. y se ponía hecho una furia por unos gastos de veinticinco dólares para comprar los sellos de correo que necesitábamos. Disgustados por el intento de algunos de dirigir el grupo, la mitad de los miembros se iban airadamente para formar otro grupo que fuera más a su gusto.

Los ancianos, aquejados de un arranque de fariseísmo, se han puesto enfurruñados. Se han lanzado ataques encarnizados en contra de la gente sospechosa de tener motivos dudosos. A pesar de todo ese ruido, nuestras pequeñas desavenencias nunca hicieron a A.A. el menor daño. Eran una parte integrante del proceso de aprender a vivir y trabajar juntos. Vale mencionar también que casi siempre tenían que ver con formas de hacer que A.A. fuera más eficaz, cómo hacer el mayor bien para el mayor número posible de alcohólicos.

La Sociedad Washingtoniana, un movimiento de alcohólicos que empezó en Baltimore hace un siglo, estuvo a punto de dar con la solución del alcoholismo. Al principio, la sociedad estaba compuesta exclusivamente por alcohólicos que trataban de ayudarse mutuamente. Los primeros miembros vieron que debían dedicarse a este único propósito. En muchos aspectos, los Washingtonianos eran parecidos a los A.A. de ahora. Llegaron a tener más de cien mil miembros. Si se les hubiera dejado en paz, y si se hubieran aferrado a su único objetivo, es posible que hubieran encontrado toda la solución. Pero no sucedió así. Los Washingtonianos permitieron que los políticos y los reformistas, tanto alcohólicos como no alcohólicos, se aprovecharan de la sociedad para sus propios fines. Por ejemplo, en aquel entonces la abolición de la esclavitud era una candente cuestión política. Pronto, los oradores del movimiento Washingtoniano tomaban partido, pública y apasionadamente, en esta controversia. Quizás la sociedad pudiera haber salido ilesa de la controversia de la abolición de la esclavitud, pero una vez que se puso a reformar las costumbres de beber de los norteamericanos, sus días estaban contados. Los Washingtonianos se convirtieron en cruzados de la temperancia y, a los pocos años perdieron completamente su eficacia para ayudar a los alcohólicos.

Alcohólicos Anónimos no ha echado en saco roto la lección aprendida de los Washingtonianos. Al contemplar las ruinas de ese movimiento, los primeros miembros de A.A. decidimos mantener nuestra Sociedad fuera de toda controversia pública. De esa manera, se colocó la piedra angular de la Décima Tradición: "Alcohólicos Anónimos no tiene opinión acerca de asuntos ajenos a sus actividades; por consiguiente su nombre nunca debe mezclarse en polémicas públicas".

Undécima Tradición

"Nuestra política de relaciones públicas se basa más bien en la atracción que en la promoción; necesitamos mantener siempre nuestro anonimato personal ante la prensa, la radio y el cine".

DE no contar con una multitud de amigos sinceros, A.A. nunca podría haberse desarrollado como lo ha hecho. En todas partes del mundo, una cantidad inmensa de publicidad favorable de toda índole ha sido el medio principal para atraer a los alcohólicos a nuestra Comunidad. En las oficinas, los clubes y las casas de los A.A., los teléfonos suenan constantemente. Una voz dice, "Leí un artículo en el periódico...", otra dice, "oímos un programa de radio...", otra más, "vimos una película...", o, "vimos algo acerca de A.A. en la televisión". No es una exageración decir que la mitad de los miembros de A.A. han sido dirigidos a nosotros por conductos como éstos.

No todos los que nos llaman solicitando información son alcohólicos o sus familiares. Los médicos leen artículos acerca de Alcohólicos Anónimos en revistas profesionales y nos llaman para obtener más información. Los clérigos leen artículos en publicaciones editadas por organizaciones religiosas y también nos llaman para pedir información más detallada. Jefes de empresas comerciales e industríales se enteran de que las grandes corporaciones nos han dado su aprobación, y se ponen en contacto con nosotros, para saber lo que se puede hacer en cuanto al alcoholismo en sus propias compañías.

Por lo tanto, recayó sobre nosotros la gran responsabilidad de elaborar la mejor política de relaciones públicas posible para Alcohólicos Anónimos. Tras muchas experiencias dolorosas, creemos haber determinado cuál debe ser esta política. En muchos aspectos, es lo contrario de las acostumbradas tácticas publicitarias. Nos dimos cuenta de que teníamos que contar con el principio de atracción, en vez del de promoción.

Veamos cómo estas dos ideas contrastantes—atracción y promoción—funcionan. Un partido político quiere ganar una elección, así que, para atraer votos, hace propaganda de las virtudes de sus candidatos. Una noble institución benéfica quiere recoger fondos; en seguida, aparecen en su membrete los nombres de toda la gente distinguida que le ha dado su apoyo. Una gran parte de la vida política, económica y religiosa del mundo depende de la publicidad que se hace de sus líderes. Los individuos que simbolizan causas e ideas satisfacen una profunda necesidad humana. Nosotros los A.A. no lo dudamos. No obstante, tenemos que enfrentarnos seria y sensatamente con la realidad de que el estar a la vista del público es peligroso, especialmente para nosotros. Por temperamento, casi todos nosotros habíamos sido promotores tenaces, y la perspectiva de una sociedad compuesta casi exclusivamente por promotores era algo horripilante. Teniendo en cuenta este factor explosivo, nos dimos cuenta de que tendríamos que ejercer control sobre estos impulsos.

Las recompensas de esa forma de proceder han sido asombrosas. El resultado ha sido más publicidad favorecedora de la que jamás pudiéramos haber generado por medio de los inventos y talentos de los mejores agentes de publicidad de A.A. Claro que A.A. tenía que tener algún tipo de publicidad, así que llegamos a la conclusión de que era mejor dejar que nuestros amigos nos la hicieran. Y esto es exactamente lo que ha pasado, hasta un extremo increíble. Los periodistas veteranos, acostumbrados a poner todo en duda, han hecho todo lo posible por transmitir el mensaje de A.A.

Para ellos, somos algo más que una fuente de artículos de interés periodístico. En casi toda ocasión, los hombres y mujeres de la prensa se han unido a nosotros como amigos.

Al principio, la prensa no podía entender nuestro rechazo de toda publicidad personal. Estaban totalmente perplejos por nuestra insistencia en el anonimato. Luego, la comprendieron. Se encontraron ante algo inusitado en el mundo—una sociedad que decía que quería hacer publicidad de sus principios y sus obras, pero no de sus miembros individuales. La prensa estaba encantada con esta actitud. Desde entonces, estos amigos han hecho reportajes sobre A.A. con un entusiasmo que a los miembros más fervientes les resultaría difícil igualar.

De hecho, había una época en que la prensa de Norteamérica apreciaba el valor que el anonimato de A.A. tenía para nosotros incluso más que algunos de nuestros propios miembros. En un momento dado, unos cien miembros de nuestra Sociedad estaban rompiendo su anonimato al nivel público. Con muy buenas intenciones, esas personas decían que el principio de anonimato era algo anticuado, algo que pertenecía a la época pionera de A.A. Estaban convencidos de que A.A. podría avanzar más rápidamente y llegar más lejos, si se valiera de los métodos modernos de publicidad. En A.A., indicaban, había muchas personas de fama local, nacional o internacional. Si estaban dispuestos—y muchos lo estaban—¿por qué no hacer publicidad de su pertenencia a A.A., y así animar a otros a unirse a nosotros? Estos eran argumentos plausibles, pero nuestros amigos escritores no estaban de acuerdo.

La Fundación* dirigió cartas a casi todas las agencias de noticias de Norteamérica, exponiendo nuestra política de relaciones públicas de atracción en vez de promoción,

---

* En 1954, se cambió el nombre de la Fundación Alcohólica al de la *General Service Board of Alcoholics Anonymous*, y la oficina de la Fundación es ahora la Oficina de Servicios Generales.

y haciendo hincapié en que el anonimato personal es la mejor protección de A.A. Desde aquel entonces, los editores y redactores repetidamente han omitido los apellidos y las fotos de los miembros en los artículos que trataban de A.A.; a menudo, han hecho recordar a personas ambiciosas el principio de anonimato de A.A. Con este fin, incluso han llegado a sacrificar buenas historias. Su vigorosa cooperación nos ha sido de gran ayuda. Sólo quedan unos pocos miembros de A.A. que rompen deliberadamente su anonimato al nivel público.

Este es, en breve, el proceso que dio como fruto la Undécima Tradición. No obstante, para nosotros representa mucho más que una sensata política de relaciones públicas. Es más que un rechazo del egoísmo. Esta Tradición nos recuerda de manera constante y concreta que en A.A. no hay lugar para la ambición personal. Mediante esta Tradición, cada miembro es un guardián activo de nuestra Comunidad.

Duodécima Tradición

"El anonimato es la base espiritual de todas nuestras Tradiciones, recordándonos siempre anteponer los principios a las personalidades".

LA sustancia espiritual del anonimato es el sacrificio. Ya que las Doce Tradiciones de A.A. nos piden repetidamente que sacrifiquemos nuestros deseos por el bien común, nos damos cuenta de que el espíritu de sacrificio—simbolizado muy apropiadamente por el anonimato—es la base de todas ellas. La buena disposición de los A.A. para hacer estos sacrificios, demostrada una y otra vez, es lo que hace que la gente sienta gran confianza en nuestro porvenir.

Pero al principio, el anonimato no nació de la confianza; era hijo de nuestros temores. Nuestros primeros grupos de alcohólicos no tenían nombre; eran sociedades secretas. Los nuevos sólo podían encontrarnos por medio de unos cuantos amigos de confianza. La mera insinuación de publicidad, incluso de nuestro trabajo, nos asustaba. Aunque ya no éramos bebedores, todavía creíamos que teníamos que escondernos de la desconfianza y el desprecio del público.

Cuando se publicó el Libro Grande en 1939, le pusimos el título de "Alcohólicos Anónimos". En su prólogo aparecía esta reveladora declaración: "Es importante que nosotros permanezcamos anónimos porque en el presente somos muy pocos para atender el gran número de solicitantes que pueden resultar de esta publicación. Siendo la mayoría gente de negocios o profesionales, no podríamos realizar bien nuestro trabajo en tal eventualidad". Se puede leer fá-

cilmente entre estas líneas nuestro temor de que una gran
afluencia de gente nueva pudiera causar una ruptura de
anonimato de inmensa proporción.

A medida que se multiplicaban los grupos de A.A.,
también se multiplicaban los problemas de anonimato.
Entusiasmados por la recuperación espectacular de un
hermano alcohólico, a veces hablábamos abiertamente de
los detalles íntimos y angustiosos de su caso, detalles que
estaban destinados únicamente para los oídos de su padrino. Entonces, la víctima agraviada decía, con razón, que
habíamos traicionado su confianza. Estos episodios, cuando empezaron a circular fuera de A.A., provocaron una
gran falta de confianza en nuestra promesa de anonimato.
Incluso hacían que a menudo la gente se alejara de nosotros. Claramente, el nombre—y también la historia—de
cada miembro de A.A. tenía que ser confidencial, si él así
lo deseaba. Esta fue nuestra primera lección en la aplicación práctica del anonimato.

No obstante, a algunos de nuestros principiantes, con su
típica intemperancia, no les importaba en absoluto la con-
fidencialidad. Querían proclamar a los cuatro vientos que
eran miembros de A.A., y así lo hicieron. Los alcohólicos
apenas desintoxicados iban corriendo enardecidos por todas
partes, enganchando a cualquiera que les escuchara contar
sus historias. Otros se precipitaban a colocarse delante de
los micrófonos y las cámaras. A veces, se emborrachaban
estrepitosamente, poniendo a sus grupos en un gran aprieto
Pasaron de ser miembros de A.A. a ser fanfarrones de A.A.

Este fenómeno nos hizo parar a pensar. Teníamos ante
nosotros la pregunta: "¿Hasta qué punto debe ser anónimo
un miembro de A.A.?" Nuestro desarrollo dejó claro que
no podíamos ser una sociedad secreta, pero era igualmente
claro que tampoco podíamos convertirnos en una especie
de circo. Tardamos mucho tiempo en trazar un camino seguro entre estos extremos.

Por regla general, el típico recién llegado quería que su

familia supiera inmediatamente lo que intentaba hacer. También quería contárselo a otros que habían tratado de ayudarle—su médico, su consejero espiritual y sus amigos íntimos. A medida que iba cobrando confianza, le parecía apropiado explicar su nueva forma de vivir a su jefe y a sus colegas. Cuando se le presentaba la oportunidad de ayudar, le resultaba fácil hablar de A.A. con casi cualquier persona. Estas revelaciones privadas le ayudaban a perder el miedo al estigma del alcoholismo, y a difundir las nuevas de la existencia de A.A. en su comunidad. Muchas personas nuevas llegaron a A.A. como consecuencia de tales conversaciones. Aunque estos intercambios no seguían estrictamente el sentido literal del anonimato, sí se ajustaban al espíritu del principio.

No obstante, nos dimos cuenta de que este método de comunicación de palabra era muy limitado. Nuestro trabajo, como tal, tenía que hacerse público. Los grupos de A.A. tendrían que alcanzar a tantos alcohólicos desesperados como pudieran. Por consiguiente, muchos grupos empezaron a celebrar reuniones abiertas al público y amigos interesados, a fin de que el ciudadano medio pudiera ver con sus propios ojos de qué se trataba A.A. Estas reuniones tuvieron una calurosa acogida. Muy pronto los grupos empezaron a recibir solicitudes para que miembros de A.A. hablaran ante las organizaciones cívicas, asociaciones religiosas y sociedades médicas. Con tal que en estas ocasiones se guardara el anonimato y se advirtiera a los periodistas presentes que se abstuvieran de usar los apellidos y las fotos, el resultado era bueno.

Luego tuvimos nuestras primeras experiencias en el campo de la publicidad a gran escala, y fueron asombrosas. Como consecuencia de los artículos acerca de nosotros publicados en el *Cleveland Plain Dealer,* el número de miembros en esta ciudad pasó de la noche a la mañana de unos pocos a varios centenares. Las crónicas que aparecieron en la prensa sobre la cena que el Sr. Rockefeller dio para Alcohólicos Anónimos contribuyeron a que se duplicara el número de miembros en el plazo de un año. El famoso artículo de Jack Alexander en el *Saturday Evening Post* convirtió a A.A. en una institución nacional. Tributos como éstos nos brindaron otras oportunidades para darnos a conocer. Más periódicos y revistas querían publicar reportajes acerca de A.A. Algunas compañías cinematográficas querían filmarnos. La radio y después la televisión nos acosaban con solicitudes de entrevistas. ¿Qué debíamos hacer?

Al ver crecer esta marea que podría traer consigo una gran aprobación pública, nos dimos cuenta de que podría hacernos un bien incalculable o un tremendo daño. Todo dependería de cómo se canalizara. Simplemente no podíamos exponernos al riesgo de que algunos miembros autonombrados se presentaran a ellos mismos como los mesías y portavoces de A.A. ante el público en general. Nuestros instintos promotores podrían ser nuestra destrucción. Si uno solo de esos miembros se emborrachara en público, o se rindiera a la tentación de utilizar el nombre de A.A. para su propio provecho, nos podría causar un daño irreparable. A este nivel (la prensa, la radio, el cine, la televisión), la única respuesta posible era el anonimato—un cien por cien de anonimato. En este caso, los principios tendrían que anteponerse a las personalidades, sin excepción alguna.

Estas experiencias nos enseñaron que el anonimato no es sino la auténtica humildad en acción. Es una cualidad espiritual que hoy día caracteriza todos los aspectos de la forma de vida de A.A. en todas partes. Animados por el espíritu de anonimato, nos esforzamos por abandonar nuestros deseos naturales de distinguirnos personalmente como miembros de A.A., tanto entre nuestros compañeros alcohólicos como ante el público en general. Al poner a un lado estas aspiraciones eminentemente humanas, creemos que cada uno de nosotros participa en tejer un manto protector que cubre toda nuestra Sociedad y bajo el cual podemos desarrollarnos y trabajar en unidad.

Estamos convencidos de que la humildad, expresada por el anonimato, es la mayor protección que Alcohólicos Anónimos jamás pueda tener.

Las Doce Tradiciones
(Forma Larga)

Nuestra experiencia en A.A. nos ha enseñado que:

1. Cada miembro de A.A. no es sino una pequeña parte de una gran totalidad. Es necesario que A.A. siga viviendo o, de lo contrario, la mayoría de nosotros seguramente morirá. Por eso, nuestro bienestar común tiene prioridad. No obstante, el bienestar individual lo sigue muy de cerca.

2. Para el propósito de nuestro grupo sólo existe una autoridad fundamental—un Dios amoroso tal como se exprese en la conciencia de nuestro grupo.

3. Nuestra Comunidad debe incluir a todos los que sufren del alcoholismo. Por eso, no podemos rechazar a nadie que quiera recuperarse. Ni debe el ser miembro de A.A. depender del dinero o de la conformidad. Cuando quiera que dos o tres alcohólicos se reúnan en interés de la sobriedad, podrán llamarse un grupo de A.A., con tal de que, como grupo, no tenga otra afiliación.

4. Con respecto a sus propios asuntos, todo grupo de A.A. debe ser responsable únicamente ante la autoridad de su propia conciencia. Sin embargo, cuando sus planes atañen al bienestar de los grupos vecinos, se debe consultar con los mismos. Ningún grupo, comité regional, o individuo debe tomar ninguna acción que puede afectar de manera significativa a la Comunidad en su totalidad sin discutirlo con los custodios de la Junta de Servicios Generales. Referente a estos asuntos, nuestro bienestar común es de altísima importancia.

5. Cada grupo de A.A. debe ser una entidad espiritual *con un solo objetivo primordial*—el de llevar el mensaje al alcohólico que aún sufre.

6. Los problemas de dinero, propiedad, y autoridad nos pueden fácilmente desviar de nuestro principal objetivo espiritual. Por lo tanto, somos de la opinión de que cualquier propiedad considerable de bienes de uso legítimo para A.A., debe incorporarse y dirigirse por separado, para así diferenciar lo material de lo espiritual. Un grupo de A.A., como tal, nunca debe montar un negocio. Las entidades de ayuda suplementaria, tales como los clubes y hospitales que suponen mucha propiedad o administración, deben incorporarse por separado de manera que, si es necesario, los grupos las puedan desechar con completa libertad. Por eso, estas entidades no deben utilizar el nombre de A.A. La responsabilidad de dirigir estas entidades debe recaer únicamente sobre quienes las sostienen económicamente. En cuanto a los clubes, normalmente se prefieren directores que sean miembros de A.A. Pero los hospitales, así como los centros de recuperación, deben operar totalmente al margen de A.A.—y bajo supervisión médica. Aunque un grupo de A.A. puede cooperar con cualquiera, esta cooperación nunca debe convertirse en afiliación o respaldo, ya sea real o implícito. Un grupo de A.A. no puede vincularse con nadie.

7. Los grupos de A.A. deben mantenerse completamente con las contribuciones voluntarias de sus miembros. Nos parece conveniente que cada grupo alcance esta meta lo antes posible; creemos que cualquier solicitud pública de fondos que emplee el nombre de A.A. es muy peligrosa, ya sea hecha por grupos, clubes, hospitales u otras agencias ajenas; que el aceptar grandes donaciones de cualquiera fuente, o contribuciones que supongan cualquier obligación, no es prudente. Además nos causan mucha preocupación, aquellas tesorerías de A.A. que sigan acumulando dinero, además de una reserva prudente, sin tener para ello un determinado propósito de A.A. A menudo, la experiencia nos ha advertido que nada hay que tenga más poder para destruir nuestra herencia espiritual que las disputas vanas sobre la propiedad, el dinero, y la autoridad.

8. A.A. debe siempre mantenerse no profesional. Definimos el profesionalismo como la ocupación de aconsejar a los alcohólicos a cambio de una recompensa económica. No obstante, podemos emplear a los alcohólicos en los casos en que ocupen aquellos trabajos para cuyo desempeño tendríamos, de otra manera, que contratar a gente no alcohólica. Estos servicios especiales pueden ser bien recompensados. Pero nunca se debe pagar por nuestro acostumbrado trabajo de Paso Doce.

9. Cada grupo debe tener un mínimo de organización. La dirección rotativa es la mejor. El grupo pequeño puede elegir su secretario, el grupo grande su comité rotativo, y los grupos de una extensa área metropolitana, su comité central o de intergrupo que a menudo emplea un secretario asalariado de plena dedicación. Los custodios de la Junta de Servicios Generales constituyen efectivamente nuestro Comité de Servicios Generales de A.A. Son los guardianes de nuestra Tradición A.A. y los depositarios de las contribuciones voluntarias de A.A., a través de las cuales mantenemos nuestra Oficina de Servicios Generales en Nueva York. Tienen la autoridad conferida por los grupos para hacerse cargo de nuestras relaciones públicas a nivel global—y aseguran la integridad de nuestra principal publicación, el *A.A. Grapevine*. Todos estos representantes deben guiarse por el espíritu de servicio, porque los verdaderos líderes en A.A. son solamente los fieles y experimentados servidores de la Comunidad entera. Sus títulos no les confieren ninguna autoridad real; no gobiernan. El respeto universal es la clave de su utilidad.

10. Ningún miembro o grupo debe nunca, de una manera que pueda comprometer a A.A., manifestar ninguna opinión sobre cuestiones polémicas ajenas—especialmente aquellas que tienen que ver con la política, la reforma alcohólica, o la religión. Los grupos de A.A. no se oponen a nadie. Con respecto a estos asuntos, no pueden expresar opinión alguna.

11. Nuestras relaciones con el público en general deben caracterizarse por el anonimato personal. Opinamos que A.A. debe evitar la propaganda sensacionalista. No se deben publicar, filmar o difundir nuestros nombres o fotografías, identificándonos como miembros de A.A. Nuestras relaciones públicas deben guiarse por el principio de "atracción en vez de promoción". Nunca tenemos necesidad de alabarnos a nosotros mismos. Nos parece mejor dejar que nuestros amigos nos recomienden.

12. Finalmente, nosotros los Alcohólicos Anónimos creemos que el principio de anonimato tiene una inmensa significación espiritual. Nos recuerda que debemos anteponer los principios a las personalidades; que debemos practicar una verdadera humildad. Todo esto a fin de que las bendiciones que conocemos no nos estropeen; y que vivamos en contemplación constante y agradecida de Él que preside sobre todos nosotros.